국립경주박물관 신라 문화유산 시리즈

국립경주박물관
신라 문화유산 시리즈 ④

Silla Heritage

신라의 영묘한 미소
얼굴 무늬
수막새

최영희 지음

국립경주박물관 × 틈새책방

일러두기

- 내용 이해를 돕기 위해 책 마지막에 '용어 해설' 꼭지를 따로 마련했습니다. 본문 단어 중 어깨 위에 '♣'가 보이면, '용어 해설' 페이지를 펴 보세요. 자세한 설명이 나와 있습니다.

- QR 코드를 스캔하면 국립경주박물관 신라학 강좌 '영묘한 신라의 미소, 얼굴 무늬 수막새' 강연을 들을 수 있습니다.

얼굴 무늬 수막새는
천년 고도 신라의 지붕을 구성했던 건축 자재로,
연꽃무늬 일색의 지붕 장식에서
단연 돋보이는 기와다.

지금까지 얼굴 무늬 수막새는 직접 손으로 빚어 만들었다는 의견이
지배적이었지만 실제 자세히 관찰해 보면 와범을 이용해 찍어 낸 것이다.

두툼히 솟은 양 볼, 울퉁불퉁 거친 피부, 기울어진 미간의 주름에는
나무로 만든 와범 특유의 흔적이 잘 남아 있다.

벌어진 콧구멍과 한쪽으로 올라간 입술도 모두
나무로 만든 와범에서 찍어 냈다는 데에는 의심의 여지가 없다.

얼굴 무늬 수막새의 뒷면에는 수키와를 부착한 뒤 그 주변을
점토로 보강한 제작 방식이 남아 있다.

얼굴 무늬 수막새는 와당 주연의 점토 위에 수키와를 얹듯이 부착하였는데,
신라에서는 7세기 무렵에 주로 확인되는 제작 방식이다.

차례

기와는 지붕을 이루는 건축 자재 중 하나입니다. 고대에는 왕궁, 관아, 불교 사원과 같은 중요 건물에만 사용할 수 있었습니다. 오목한 암키와와 볼록한 수키와를 번갈아 얹으면 부드러운 곡선을 이루게 됩니다. 비가 오면 기왓골을 따라 빗물이 흘러 내려, 목재에 스며드는 것을 막아 주지요. 지붕면이 만나는 마루의 끝은 평평한 판형(板形) 기와로 마감하고, 지붕의 가장 높은 부분인 용마루 양쪽에는 치미(鴟尾)를 올립니다. 처마를 따라 촘촘히 장식한 막새는 지붕을 아름답게 치장하면서 동시에 건물의 권위를 나타냅니다.

　지붕의 처마까지 이어진 수키와·암키와의 가장 끝에 놓이는 막새는 수막새와 암막새로 나누어집니다.

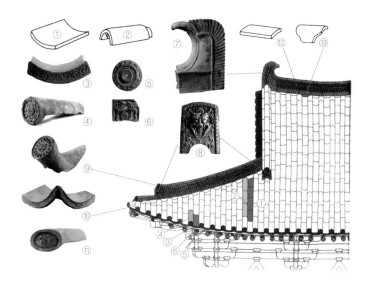

	명칭	
①	암키와	기본 기와
②	수키와	
③	암막새	처마 장식 기와
④	수막새	
⑤	연목와	
⑥	부연와	
⑦	치미	마루 장식 기와
⑧	귀면와(판형의 마루 장식 기와)	
⑨	망와	
⑩	모서리암막새	
⑪	타원형막새	
⑫	적새	기능 기와
⑬	착고	

통일신라 시대 기와의 종류와 사용 위치.

막새 끝의 막힌 면을 와당(瓦當)이라고 하며, 이 와당에는 시대에 따라 다채로운 무늬를 새겼습니다. 따라서 와당 문양의 표현과 구성은 시대를 가늠하는 잣대가 됩니다.

기와 제작 기술이 신라에 전해진 시기는 5세기 말즈음으로 추정됩니다. 6세기대에는 백제의 영향을 받아 꽃잎의 끝을 봉긋이 올린 연꽃무늬(연화문蓮花文) 수막새가 제작되기 시작했고, 7세기 전반에는 꽃잎 중앙에 선을 그어 단순하면서도 균형미가 돋보이는 연꽃무늬 수막새가 유행했습니다. 7세기 후반 신라가 삼국을 통합한 이후에는 와당의 테두리 부분인 주연(周緣)*에도 장식을 더한 화려하고 다양한 모습의 연꽃무늬 수막새가 출현하여, 덩굴무늬(당초문唐草文) 암막새와 세트를 이루었습니다. 통일신라 시대 수막새에는 짝을 이루는 두 마리의 새, 갈기가 뻗친 사자, 머리와 팔은 사람의 모습이고 날개와 꼬리가 달린 상상의 새 가릉빈가(迦陵頻伽)* 등 다양한 모티브들이 더해집니다.

이러한 흐름 속에서 유독 눈길을 끄는 독특한 문양이 있으니 바로 얼굴 무늬(인면문人面文) 수막새입니다. 시원하게 뿜어내는 호탕한 웃음도 아니고, 수줍음 타

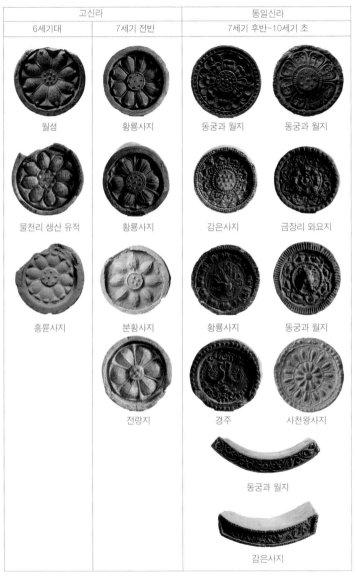

고신라		통일신라
6세기대	7세기 전반	7세기 후반~10세기 초

월성

황룡사지

동궁과 월지

동궁과 월지

물천리 생산 유적

황룡사지

감은사지

금장리 와요지

흥륜사지

분황사지

황룡사지

동궁과 월지

전랑지

경주

사천왕사지

동궁과 월지

감은사지

경주 출토 막새의 다양한 모습.

는 새침한 웃음도 아니며, 그렇다고 마냥 밝아 보이는 웃음도 아닌, 마치 모든 것을 알고 있는 듯한 눈과 입매의 표정은 언제 보아도 묘한 분위기를 자아냅니다. 우리는 그 웃음을 '천 년의 미소, 신라의 미소'라고 부릅니다.

얼굴 무늬 수막새는 경주(慶州)의 얼굴입니다. 경주에 들어서면 가장 먼저 우리를 맞이하는 얼굴이자, 숙박지, 음식점, 기념품 가게 등 여러 곳에서 만날 수 있는 얼굴이지요. 이렇듯 우리에게 익숙한 존재임에도, 박물관 전시실 한편에서 마주하면 문득 다른 감상을 주어 한참을 머물게 하는 신비로운 미소를 띤 얼굴 무늬 수막새. 그 이야기를 시작해 보겠습니다.

신라의 영묘한 미소

얼굴 무늬 수막새

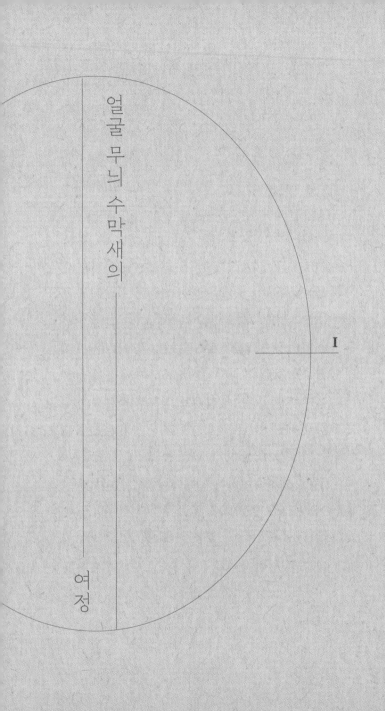

얼굴 무늬 수막새의

여정

I

그 신비로운 매력 때문인지 얼굴 무늬 수막새는 결코 평범하지 않은 여정을 겪어야 했습니다. 이 기와는 일제 강점기 경주 야마구치의원(山口醫院)에서 공중의, 즉 군의관으로 근무하던 20대 청년 다나카 도시노부(田中梅信, 1905~1993)가 구리하라 골동품상(栗原骨董品商)에서 100원에 구입했다고 전해집니다. 경주의 첫 서양식 의원이었던 야마구치의원은 현재의 화랑수련원 건물로, 상당 부분 옛 모습을 유지하고 있습니다. 도로 맞은편 현재의 경주경찰서 자리에 위치했던 구리하라 골동품상은 경주를 방문한 일본인 수집가들의 관심이 집중됐던 곳으로 알려져 있습니다. 당시 기와집 한 채가 1,000원에 거래됐다고 하니, 다나카가 이 기와에 지불한 100원은 결코 적은 금액이 아니었습니다.

경주 야마구치의원.
(현재 화랑수련원 건물).

노년의
다나카 도시노부.

　다나카는 1933년 한반도로 건너온 이후 꾸준히 경주의 유물을 수집했던 것으로 보입니다. 지인들에게 자신의 근황을 알리기 위해 제작한 엽서에는 병원 내에 마련된 수집품 전시 공간, 일명 '취미의 방' 사진이 실려 있습니다. 방의 한쪽 벽면을 차지한 선반형 가구에 다양한 종류의 기와들이 빼곡히 올려져 있고, 기와마다 종이 라벨이 붙어 있는 모습이 눈길을 끕니다. 라벨에 쓰인 글씨는 알아보기 어렵지만, 일제 강점기에 수집된 유물 대부분이 그러하듯이 채집 장소의 간략한 주소나 해당 유적의 이름이 쓰여 있었겠지요.

　얼굴 무늬 수막새의 존재를 세상에 알린 이는 오사

山口醫院趣味ノ室ノ一部

다나카 도시노부가
제작한 엽서의 사진.
야마구치의원 '취미의 방' 일부.

카 긴타로(大坂金太郎, 1887~1974)입니다. 오사카는 함경북도 회령시의 회령공립보통학교(1907), 경주공립보통학교(1915~1930)의 교원으로 재직했으며, 국립중앙박물관의 전신인 조선총독부박물관의 부여분관장, 경주분관장을 역임(1934~1945)한 인물입니다. 대학에 소속돼 연구한 적은 없으나, 경주고적보존회(慶州古蹟保存會)를 중심으로 활동하며 신라의 문화유산을 조사하고 많은 저작을 남겼습니다. 오사카는 조선 옷을 입고 조선어를 능숙하게 구사하며 조선인 학생들과도

──────────────────────── 노년의 오사카 긴타로(오른쪽).

인간적으로 교류하여, 일본인들 사이에서 독특한 인물로 평가받았다고 합니다. 그러나 그가 수집하고 연구한 자료는 조선과 일본 공통의 역사적 뿌리를 찾아 내선일체(內鮮一體)를 실현하고자 하는 관점이었기에 결국 식민지 통치 정책의 근거로 사용됐음을 부정하기 어렵습니다.[1]

　오사카는 1934년 6월 조선 총독부 기관지《조선(朝鮮)》229호에 오사카 로쿠손(大坂六村)이라는 필명으로 〈신라의 가면와(新羅の仮面瓦)〉라는 글을 발표했습니다. 그 내용을 살펴보면, "얼굴 무늬 수막새는 경주시 사정동 일대에 위치한 흥륜사지(興輪寺址)에서 수습됐다.”라고 출처를 밝혔고, “이 와당은 신라 예술 연구상 귀중한 자료 중 하나다.”라고 평가했습니다. 3개월 후인 1934년 9월 교토제국대학에서 발간된 《신라 고와의 연구: 교토제국대학 문학부 고고학 연구 보고 13(新羅古瓦の研究: 京都帝國大學文學部考古學研究報告13)》에도 “…틀을 사용하지 않고 수작업으로 제작돼 시험 삼아 만들어진 것으로 생각되지만, 신라 와당에 이러한 문양까지 사용한 점은 주목할 만하다.”라는 내용이 선명한 사진과 함께 수록돼 있습니다. 이 얼굴 무늬 수막새의 사진은 한반도 유적·유물의 소식에 밝았던 우메하라 스에지(梅原末治)가 제공한 것으로 추정됩니다.

《신라 고와의 연구》는 기와를 찍어 내는 틀인 와범(瓦范)부터 막새 등의 장식 기와, 글자가 새겨진 명문(銘文) 기와에 이르기까지 당시의 신라 기와 수집품을 모아 시공간적 특성을 논했다는 점에서 학술적으로 의미가 큽니다. 특히 얼굴 무늬 수막새가 수집된 지 얼마 지나지 않아 한국과 일본에서 연이어 보고된 것을 보면, 이 희귀한 유물의 발견이 당시에 큰 관심을 불러일으킨 것을 짐작할 수 있습니다.

이후 1940년 다나카가 귀국하면서 얼굴 무늬 수막새는 일본의 후쿠오카현(福岡縣)으로 옮겨집니다. 다나카는 한국에서 수집한 88점의 기와를 비롯해 총 161점의 유물을 당시 기타큐슈시립역사박물관(北九州市立歷史博物館)[2]에 기증했는데, 기증 목록에 얼굴 무늬 수막새는 빠져 있었습니다. 다나카가 평생의 수집품 중 가장 아끼고 좋아하는 유물이어서 곁에 두려 했던 것입니다. 유족의 말에 따르면, 다나카는 얼굴 무늬 수막새를 자기 방에 두고 늘 감상했다고 합니다. 얼굴 무늬 수막새의 실물을 관찰해 보면, 유적에서 수습된 다른 기와들과 달리 오랫동안 사람의 손길이 닿아 매끈해진 모습으로 그간 사랑받은 흔적을 여실히 느낄 수 있습니다.

1970년대 초까지 세인의 관심에서 멀어져 있던 얼굴 무늬 수막새를 다시 주목한 이는 박일훈 국립박물관 경주분관장(1913~1975)입니다. 박일훈 관장은 1972년 2월 일본을 방문하면서 경주공립보통학교(현재 계림초등학교)에 재학할 당시 교사였던 오사카 긴타로를 찾아가 만났습니다. 그리고 얼굴 무늬 수막새의 소재지를 물었습니다. 오사카는 당시 96세의 고령이었지만,

박일훈 전 국립박물관 경주분관장.

제자의 제안에 따라 후쿠오카현 기타큐슈시에서 병원을 운영하고 있던 다나카에게 연락을 취해 얼굴 무늬 수막새를 원래의 자리로 보내 줄 것을 설득했습니다. 세 사람의 이해와 노력으로 얼굴 무늬 수막새는 결국 1972년 10월 14일 국립경주박물관에 기증됐고, '분관(경주) 1564호'의 유물 번호로 소장·전시됐습니다.[3] 박일훈 관장이 기증을 요청하고 설득하는 과정에서 수십 통의 편지로 의견을 교환했는데, 이 편지들은 현재 관장의 유족이 보관하고 있습니다.

———————— 1972년 국립경주박물관에서 있었던 얼굴 무늬 수막새 기증식.

　다나카가 한국을 방문해 얼굴 무늬 수막새와 함께 전달한 기증서에는 "마음속에 감명을 주는 인면와(人面瓦)를 제작한 와공(瓦工)을 생각하며, 신라 땅에 안식처를 제공하고자 경주박물관장에게 증정합니다."라고 적혀 있습니다. 일제 강점기라는 엄혹한 시대, 긴 여정을 떠나야 했던 얼굴 무늬 수막새가 제자리로 돌아올 수 있었던 배경에는 문화유산에 대한 순수한 애정과 그 가치를 소중히 했던 사람들의 신뢰가 있었던 것입니다. 얼굴 무늬 수막새가 국립경주박물관에 기

————————————————————————————— 다나카가 작성한 얼굴 무늬 수막새 기증서.

증될 당시부터 지금에 이르기까지 대표 유물로서의 자격을 얻을 수 있었던 이유이기도 합니다.

얼굴 무늬 수막새는 2018년 11월 27일 보물로 지정 됐습니다. 기와 유물 단독으로는 첫 사례였습니다. 문 화재청은 "신라인의 소박하면서도 인간적인 면모를 담아낸 작품으로, 당시 우수한 와당 기술이 집약된 대 표작"이라고 설명합니다. 유일무이한 창작물에 대한 인정이며, 오랜 여정에 대한 보상처럼 느껴집니다.

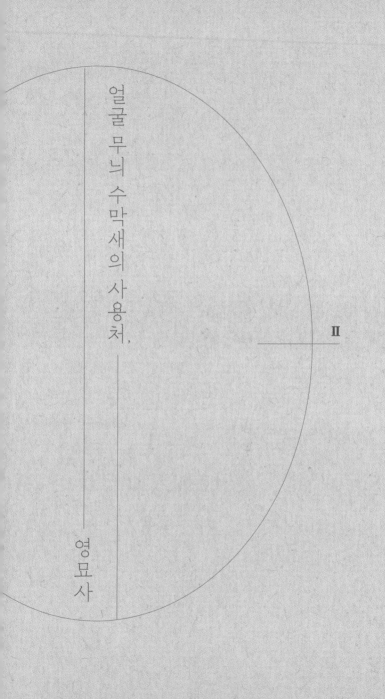

얼굴 무늬 수막새의 사용처,

영묘사

II

얼굴 무늬 수막새는 경주시 사정동 일대의 흥륜사지에서 수습됐다고 전해집니다. 현재 '천경림 흥륜사(天鏡林 興輪寺)'라는 사찰이 자리한 장소입니다.

그런데 1970년대부터 이 사찰과 주변에서 '大令妙寺造瓦(대영묘사조와)', '靈廟之寺(영묘지사)', '靈廟寺(영묘사)'와 같이 영묘사라는 사원 이름을 알려 주는 기와가 여럿 수습됐습니다. 암키와·수키와의 볼록한 면에 기와를 만든 시기나 사원의 이름 등을 찍은 명문 기와(銘文瓦)는 신라 말·고려 초부터 유행했습니다. 기와를 만들 때 점토를 원통형 틀에 붙이고 타날판(打捺板)이라는 넓적한 도구로 두드려 모양을 만드는데, 이 타날판에 새겨진 글자가 기와의 표면에 찍히게 됩니다. 이

'令妙寺造瓦' 명문 암키와 　　'靈廟之事' 명문 암키와 　　'靈廟寺' 명문 암키와 탁본

영묘사 터를 추정케 하는 명문 기와들.

렇게 남겨진 글자는 유적에 대한 정보를 알아내는 데 중요한 역할을 합니다.

이곳이 오랫동안 흥륜사지로 알려지게 된 이유는 잘 알 수 없지만, 이후 영묘사를 가리키는 기와가 발견되면서 선덕여왕 4년(635)에 창건된 영묘사의 터일 수도 있다는 주장이 제기됐습니다. 최근 흥륜사 서편 발굴 조사에서도 '靈廟之寺(영묘지사)'라고 적힌 기와와 고려 시대 불교 공양구 등이 확인되면서 영묘사의 옛 터일 가능성은 더 높아졌습니다. 따라서 얼굴 무늬 수막새는 영묘사 건물에 사용된 기와일 가능성이 큽니다.

영묘사는 경주 지역의 신성한 일곱 숲에 세워진 칠처가람(七處伽藍)[4]의 한 곳이자, 통일신라 시대 왕실의 후원을 받은 성전사원(盛典寺院)*이기도 합니다. '칠처가람'은 과거칠불(過去七佛)*이 설법하던 전불(前佛) 시대에 경주 지역에 있던 일곱 곳의 불교 사원을 말합니다. 《삼국유사》에 따르면, 신라에 불교를 전파한 아도(我道)는 고구려인인 어머니의 부탁을 받아 그 자리에 다시금 일곱 사원을 일으켰으나 흥하지 못하다가, 법흥왕이 불교를 공인한 이후 다시 세워졌다고 합니다. 칠처가람설은 경주 지역이 아주 오래전부터 불교와

인연이 깊었다는 불국토설(佛國土說)*의 일환으로, 신라인의 불교 신앙을 더욱 열렬하게 했습니다. 그런가 하면, 신라는 왕실 사원의 관리와 운영을 담당하는 조직인 성전(盛典)을 또 다른 일곱 개의 불교 사원에 설치했는데, 그중 하나가 영묘사였습니다. 영묘사가 얼마나 유래 깊은 곳인지를 알 수 있습니다.

한편, 현재 흥륜사의 북쪽으로 1킬로미터가량 떨어진 경주공업고등학교 내에서는 글자 '…興(흥)…'이 새겨진 수키와가 발견돼, 이곳이 신라

흥륜사 터를
추정케 하는 명문 기와.

최초의 불교 사원인 흥륜사가 있던 자리임을 짐작하게 합니다. 결국 영묘사와 흥륜사는 꽤 오랫동안 그 위치가 바뀐 상태로 알려져 왔던 것입니다. 흥륜사도 아도가 창건한 사원이라고 전해지며, 이차돈(異次頓)의 순교를 계기로 불교를 공인한 법흥왕이 14년(527)에 공사에 착수했다고 합니다. 《삼국사기》에는 진흥왕 5년(544) 봄 2월에 흥륜사가 완공됐다는 기록이 있습니다. 당시 천경림을 크게 벌채하여 공사를 시작했는데, 서까래와 대들보를 모두 그 숲에서 취해 쓰기에 넉넉

했고, 계단의 초석이나 석감도 이미 존재했다고 적고 있습니다. 《삼국유사》에도 진흥대왕 즉위 5년에 대흥륜사를 지었다는 기록이 있습니다.[5]

흥륜사 터로 추정되는 지점에서는 연결식 통쪽와 통에서 제작된 암키와(33쪽 ④, ⑤), 서로 연결되는 부분인 미구(물림자리)를 따로 부착한 수키와(⑥), 그리고 회전력을 이용하여 모양을 만든 수막새(②, ③) 등 백제의 기술 요소를 반영한 기와들이 다수 출토됐습니다.[6] 신라 기와의 초기 형식 중 하나인 백제계(百濟系) 기와는 흥륜사의 창건 시기와 맞아떨어지는 6세기대에 전해진 것으로, 두 불교 사원의 제자리를 찾는데 중요한 근거가 됩니다.

현재 영묘사의 옛터에는 새로 지어진 사찰이 자리 잡고 있어 신라 시대의 모습을 파악하기 어렵지만, 1972년 경부 고속도로 진입로 개설 공사를 시작으로 여러 차례의 부분적인 발굴 조사가 진행된 적이 있습니다. 조사 결과, 크게 두 시기로 나누어 지어진 건물들의 흔적이 겹쳐진 상태로 확인되었습니다. 지표면에서 약 1미터 아래에 잠자고 있던 처음 지었을 때의 절터(창건가람創建伽藍)*는 동쪽 회랑터 일부와 주춧돌

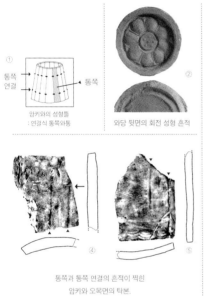

① 통쪽
통쪽 연결 — 통쪽
암키와의 성형틀
: 연결식 통쪽와통

②
와당 뒷면의 회전 성형 흔적

③
와당 뒷면의
회전 성형 흔적

④ ⑤
통쪽과 통쪽 연결의 흔적이 찍힌
암키와 오목면의 탁본.

⑥
0   40   80 cm
S=1/5

원통형 틀로 만든 미구 수키와의 도면.

흥륜사지 출토 기와.

영묘사 옛터의 현재 모습.

만 남아 있었는데, 출토 유물을 보면 삼국이 통합되기 이전에 건립됐음을 알 수 있습니다. 그 위에 지어진 후대의 절터(중건가람重建伽藍*)는 동서 96.2미터, 남북 130미터 이상의 공간 내에 금당(金堂)*과 탑 자리두 곳이 배치된 쌍탑일금당(雙塔一金堂)*의 구조입니다. 탑은 목탑이었던 것으로 생각됩니다. 아마도 영묘사는 통일신라 시대의 어느 시점에 대규모로 다시 지어져 고려 시대까지 남아 있던 것 같습니다.[7]

　다양한 기와와 벽돌(전博), 토기 등의 유물도 영묘사의 시간적 위치를 증명합니다. 얼굴 무늬 수막새는 더

이상 찾을 수 없었지만, 7세기 전반부터 통일신라 시대를 거쳐 고려 시대에 이르기까지 제작·사용된 기와들이 다량 출토됐습니다. 특히 테두리에 무늬가 없는 (무문주연無紋周緣) 수막새는 영묘사가 세워진 선덕여왕 대부터 사용됐는데, 주변의 월성, 황룡사, 분황사 등지에서도 동일한 기와가 출토되었습니다. 이 시기 경주 지역에서는 원통와통을 이용해 암키와(36쪽 ②)와 토수 기와(③)를 제작하는 방식이 정착됐습니다. 토수 기와는 앞머리는 크고 뒤뿌리는 작게 만든 수키와입니다. 동일한 기와가 여러 장소에서 사용된 것으로 보아, 기와 생산 체제가 보다 안정적으로 정착하여 도성 곳곳에서 진행됐던 건축 공사에 기와를 원활히 공급할 수 있는 환경이 조성됐음을 알 수 있습니다. 화려한 무늬를 자랑하는 통일신라 시대 이후의 막새들도 발견되고 있기에, 영묘사의 위엄은 창건 이후에도 오랜 기간 이어진 것으로 생각됩니다.

한편, 영묘사에는 그 이름만큼이나 신묘한 이야기들이 전해집니다. 선덕여왕이 영묘사의 옥문지(玉門池)에서 한겨울 개구리의 울음소리를 듣고 백제군이 여근곡(女根谷)에 매복한 사실을 간파하여 전멸시켰

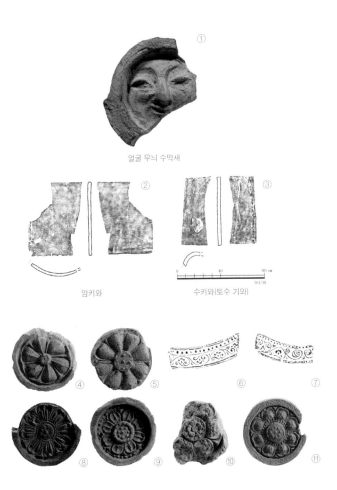

얼굴 무늬 수막새

암키와

수키와(토수 기와)

영묘사지 출토 수막새·암막새

영묘사지 출토 기와.

다는 이야기도 그중 하나입니다(《삼국사기》, 《삼국유사》). 선덕여왕을 연모하던 지귀(志鬼)가 영묘사 앞에서 여왕을 기다리다 잠이 든 사이 왕이 놓고 간 금팔찌를 보고 사모하는 마음이 불타올라 탑까지 태워 버렸다는 전설도 전해집니다(《삼국유사》, 《대동운부군옥大東韻府群玉》). 선덕여왕의 지혜와 아름다움이 영묘사를 무대로 표현된 이야기라 할 수 있겠지요.

우리 역사상 최초의 여왕으로 기록된 선덕여왕은 재위 기간에 분황사와 영묘사를 건설했습니다. 선덕여왕 즉위 3년(634)에 공사를 마친 분황사(芬皇寺)는 '향기로운 황제의 사찰'이라는 이름에서도 드러나듯이 여왕의 치세를 기념하는 의미를 담고 있습니다.[8] 법흥왕이 흥륜사를, 진흥왕이 황룡사를 지었듯, 선덕여왕도 백성을 어질게 다스리고자 하는 바람과 바른 정치를 펼치겠다는 굳건한 의지를 불교 사원에 담았습니다. 이후, 즉위 4년(635) 영묘사를 창건할 때에는 선덕여왕의 위치가 달라져 있었습니다. 당(唐)으로부터 책봉*을 받아 국제적으로 왕위 계승의 정통성을 인정받았고, 신하를 보내어 지방의 주현(州縣)을 돌며 살피게 하는 등 보다 안정된 모습으로 통치 권력을 장악해 나갔습니다.[9] 앞서 설명한 여근곡 설화와 지귀 설화 모두 여왕으로서의 한계를 극복하고 때로는 단호한 모습으로, 때로는 인자한 모습으로 뛰어난 지도력을 발휘했던 여왕의 존재를 강조하고 있습니다. 이는 영묘사가 선덕여왕의 치세에서 특별한 상징성을 가지는 장소임을 반영합니다.[10]

지금은 남아 있지 않지만, 영묘사에 모셨던 장륙삼존상(丈六三尊像)*과 천인상(天人像)*을 희대의 천재 예술가 양지(良志)가 만들었다는 기록이 《삼국유사》에 있습니다. 영묘사지에서 출토된 도깨비 얼굴(귀면문鬼面文) 또는 용의 얼굴(용문龍文)을 담은 토제품도 양지의 손길이 닿았던 것이 아닐까 하는 생각이 들 만큼 섬세하고 유려한 도안 및 조각 수법을 자랑합니다. 달리는 말 위에서 사슴을 향해 활시위를 겨누는 역동적

영묘사지 출토 토제품

영묘사지 출토 수렵 무늬 벽돌

인 장면을 묘사한 수렵 무늬 벽돌(수렵문전狩獵文塼)도 예사롭지 않습니다.

영묘사는 《삼국사기》에는 '靈廟', 《삼국유사》에는 '靈廟'와 '靈妙', 지붕에 사용된 기와에는 '靈廟' 혹은 '令妙'로 표기됩니다. 모두 '영묘'로 발음되지만, 한자가 조금씩 다릅니다. 김천 갈항사지의 탑기(塔記)*에는 '零妙'라는 한자가 사용됐으며, 양양 선림원지에서 발견된 동종(銅鐘)*에는 '令妙'로 남아 있습니다. 조선 시대 문헌인 《허백당시집(虛白堂詩集)》의 시문에는 '靈妙'라 적었습니다.

이처럼 오랜 시간 다양한 글자로 그 이름을 전하는 영묘사는 선덕여왕의 위상과 주변을 둘러싼 사건들, 그리고 양지의 빛나는 예술성으로 가득 찬 중고기(中古期) 신라 불교를 상징하는 신묘한 장소입니다. 얼굴 무늬 수막새 또한 영묘사의 위상을 증명하는 중요한 유물이라 할 수 있을 텐데요. 현재까지의 발굴 조사에서는 이런 얼굴 무늬 수막새가 단 한 점도 출토되지 않았으며, 다른 유적에서도 아직까지 같은 모습을 찾아볼 수 없습니다.

암키와
제작 방식

암키와는 점토를 원통 모양으로 만든 뒤 4장으로 나누어 굽는 방식으로 만들어집니다. 근현대까지 남아 있었던 재래식 공방에서 옛 기와의 제작 과정을 짐작할 수 있습니다. 집 한 채를 짓기 위해서는 수백 장의 암키와가 필요한데, 그 많은 기와의 크기와 형태를 일정하게 유지하기 위해서는 성형틀이라는 도구가 필요합니다. 암키와의 성형틀은 '통쪽와통'과 '원통와통', 두 종류로 나뉩니다.

통쪽와통의 사용 모습

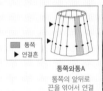

▨ 통쪽
▶ 연결흔

통쪽와통A
통쪽의 앞뒤로
끈을 엮어서 연결

일본 오키나와의 민속례.

통쪽와통B
통쪽의 측면으로
끈을 관통시켜 연결

중국 저장성의 민속례.

통쪽와통은 가늘고 긴 나무판(통쪽) 여러 개를 끈으로 엮은 것을 말하는데, 둘둘 말아서 접고 펴는 것이 가능합니다. 가볍고 휴대하기에 좋습니다.

끈을 엮는 방식에도 여러 가지가 있습니다. 통쪽의 앞뒤로 구멍을 내어 끈으로 연결하는 와통(통쪽와통A)은 중국 남북조 시대의 남쪽 지역에서 백제로 전해졌고, 백제는 이 와통을 신라와 일본에 전해 주었습니다. 그런가 하면, 통쪽의 측면에 구멍을 뚫어 연결된 끈이 겉으로 드러나지 않는 와통(통쪽와통B)은 중국 남북조 지역의 북조와 수·당, 그리고 고구려와 백제, 일본에서 사용됐습니다. 원통와통은 통쪽을 꽉 조이게 고정하여, 접고 펴는 것이 불가능한 와통입니다. 통쪽와통에 비해 무겁고 휴대하기도 어렵지만, 견고하여 오랫동안 사용할 수 있습니다. 중국 한

원통와통
통쪽을 원통형으로 고정

원통와통의 사용 모습

──────────── 한국 장흥군의 민속례.

나라의 기와, 그리고 백제 한성기의 기와가 비슷한 형태의 와통에서 제작된 것으로 생각되며, 신라에서는 7세기대부터 원통와통으로 기와를 만들었습니다. 이후 통쪽와통은 사라지고, 통일신라 시대를 거쳐 고려·조선 시대에 이르기까지 한반도에서는 원통와통이 유일한 암키와 제작 도구로 남게 됐습니다.

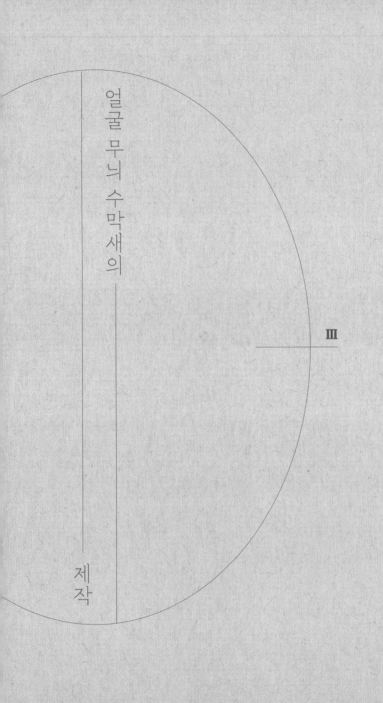

얼굴무늬 수막새의

제작

III

수막새는 지붕의 처마 끝에 놓이는 기와입니다. 수키와의 한쪽 끝을 막은 면, 즉 와당면(瓦當面)에 문양을 넣어 장식적 기능을 더합니다. 와당의 테두리 부분을 '주연(周緣)' 또는 '외구(外區)'라고 하고, 그 안쪽을 '내구(內區)'라고 부릅니다. 와당 뒷면에 수키와를 연결하면 수막새가 완성됩니다. 유적에서 출토된 대부분의 막새가 그러하듯이, 얼굴 무늬 수막새 역시 수키와는 떨어져 나가고 동그란 와당 부분만 남아 있습니다. 그러나 지금까지 알려진 수막새의 다양한 정보에 비추어 보면, 얼굴 무늬 수막새가 어떠한 방식으로 제작됐는지 알 수 있습니다.

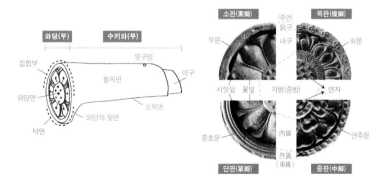

수막새와 와당의 세부 명칭과 문양 구조.

수막새를 제작하는 방식에는 여러 가지가 있으며, 그 차이를 통해 제작 시기를 짐작하거나 기술 계통, 공인과 공방의 성격 등에 대한 정보를 얻을 수 있습니다. 여기서는 가장 일반적인 제작 과정을 살펴보겠습니다.

와당의 모양을 만드는 데는 와범(瓦范)이라는 도구를 사용합니다. 와범은 여러 개의 와당을 같은 형태·크기·문양으로 반복해서 찍어 낼 수 있는 성형틀입니다. 그래서 와당 문양은 도안을 통해 표현된 시각적 요소이기도 하며, 동시에 와범을 통해 제작된 기술적 요소이기도 합니다.

오른쪽 페이지의 사진과 그림을 볼까요? 신라가 삼국을 통합하기 이전에 제작된 고식(古式) 수막새는 ①번처럼 테두리 부분인 주연에는 무늬를 찍지 않는 와범, 즉 바깥쪽이 개방된 형태의 와범을 사용해 만들었습니다. 따라서 테두리에는 문양이 없으며, 하나의 와범에서 제작된 수막새라도 주연의 두께가 일정하지 않습니다. 신라에서 사용한 와범은 현재 남아 있지 않으나, 현존하는 와범 중에서 중국 남조의 것으로 알려진 장쑤성 난징(江蘇省 南京) 출토품 즉, ④번 토제 와범을 참고해 볼 수 있겠습니다. ⑥번 토제 와범처럼 주

① 고식 수막새의 와범　② 통일신라식 수막새의 와범

⑥ 토제 와범(중국 당대)
a-주연(외구) / b-내구

④ 토제 와범(중국 남조)　⑤ 토제 와범(통일신라 시대)

③ 보조 와범의 추정 복원

수막새 와범의 구조와 사례.

연부 바깥쪽이 막혀 있는 중국 당나라의 와범과 비교
해 보면, 그 차이가 명확히 보입니다.[11]

　고식 수막새의 제작에 사용된 와범은 대부분 나무
를 깎아 만들었던 것 같습니다. 나무로 만든 목제 와
범은 사용 기간이 길어질수록 마모돼 나뭇결이 거칠
게 드러나기도 하고, 상처가 생기거나 갈라지기도 합
니다. 이러한 변화는 와당의 점토에 그대로 찍혀 어떤
것이 먼저 만들어지고 어떤 것이 나중에 만들어졌는

지 선후 관계를 구분할 수 있는 기준이 됩니다.

한편, 7세기 후반에 등장하는 통일신라식 수막새
는 테두리까지 문양을 새기게 되면서 와범 역시 바깥
쪽으로 2개의 단(段)이 있는 구조로 변화합니다. 앞 페
이지의 ②번 그림을 보세요. 주연에 해당하는 바깥쪽
단에는 작은 구슬 무늬를 촘촘하게 배열하거나(연주문
連珠文), 꽃(화문花文)이나 나무 덩굴(당초문唐草文)을 장
식했습니다. 와당의 모양을 만들 때 점토를 지지하면
서 주연부의 두께를 일정하게 유지하기 위해 ③번 그
림처럼 보조 와범을 사용했을 가능성도 있습니다.

통일신라 시대의 와범은 ⑤번처럼 흙으로 만들어 구워 낸 사례가 여러 점 발견됐습니다. 하나하나 깎고 조각해야 하는 목제 와범과 달리, 흙으로 만든 토제 와범은 점토에 문양을 찍어 낸 뒤 구워서 만들면 되기 때문에 같은 문양을 가진 와범 여러 개를 보다 손쉽게 제작할 수 있습니다. 토제 와범이 늘어난 현상은 당시 신라에 기와를 보다 대량으로 생산할 수 있는 시스템이 정착되었음을 보여 줍니다.[12]

와범이 준비되면, 문양면이 위를 향하도록 놓습니다. 평평한 곳에서 작업하는 경우가 대부분이지만 백제계 수막새처럼 회전대를 사용하기도 했습니다. 문양이 선명하게 찍힐 수 있도록 와범의 오목한 부분(막새의 볼록하게 나온 부분)에 먼저 점토를 채워 넣은 뒤, 점토 덩이를 얹어 두께가 일정해지도록 와당의 모양을 만듭니다. 와당 뒷면을 물을 묻혀 손질하거나 타날판으로 두드려 전체적인 형태를 조정하고 정리했습니다.

와당의 모양을 만드는 사이 와당 뒷면에 부착할 수키와를 별도로 만듭니다. 수키와는 가늘고 긴 원통형 성형틀을 이용하여 점토 원통을 만든 다음, 반으로 나눕니다. 이렇게 하여 한번에 수키와 두 장이 만들어집

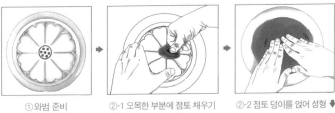

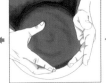

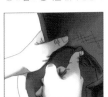

①와범 준비　②-1 오목한 부분에 점토 채우기　②-2 점토 덩이를 얹어 성형

⑤수막새 완성　④전체적으로 조정·정리　③수키와 접합

수막새 성형 과정.

성형틀에 점토 붙이기　타날하여 형태 만들기　점토 원통 분리　분할

수키와 성형 과정: 전라남도 장흥군의 민속례.

니다.

　와당에 수키와를 붙여 연결하는 방식은 만들어진 시기에 따라, 혹은 만드는 이가 어디에서 기술을 전수

받았는지에 따라 다양하게 구사됩니다.

신라 고식 수막새의 경우, 세 가지 기법을 사용한 것이 확인됐습니다. 그림에서 보듯이, 각각 원통 접합 후 분할 기법(A), 수키와 가공 접합 기법(B), 수키와 피복 접합 기법(C)으로 구분됩니다.

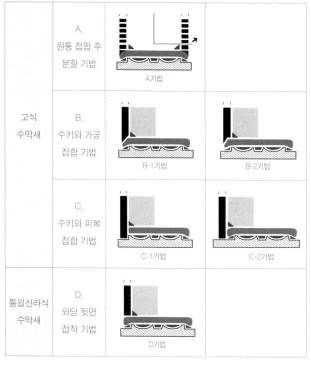

고식 수막새	A. 원통 접합 후 분할 기법	A기법	
	B. 수키와 가공 접합 기법	B-1기법	B-2기법
	C. 수키와 피복 접합 기법	C-1기법	C-2기법
통일신라식 수막새	D. 와당 뒷면 접착 기법	D기법	

신라 수막새의 수키와 접합 기법.

원통 접합 후 분할 기법(A)은 반으로 가르기 전의 원통형 수키와를 통째로 와당에 부착한 뒤 필요 없는 하반부를 베어 내는 기법입니다. 중국 진한대부터 시작돼 낙랑을 거쳐 백제 한성기(건국~475)에 이르기까지 사용된 방식으로, 신라에서는 월성과 물천리·화곡리 생산 유적 등 비교적 이른 시기에 만들어진 기와에서만 한정적으로 나타납니다.

수키와 끝을 회전깎기한 뒤 와당 모서리에 맞추어 부착하는 수키와 가공 접합 기법(B)은 백제에서 전파된 기술로 보입니다. 수키와 끝을 사선형으로 가공했는지(B-1), ㄱ자형으로 가공했는지(B-2)에 따라 다시 나뉩니다. 흥륜사지를 비롯하여, 월성, 재매정지, 황룡사지, 인왕동 건물지, 육통리 와요지 등에서 출토됐고, '중국의 남조-백제-일본 아스카 지역'의 경로를 통해 전해진 기술 중 하나입니다.

와당의 위쪽 주연부 위치에 수키와를 얹듯이 부착하는 수키와 피복 접합 기법(C)은 중국의 남조, 백제(한성기, 웅진·사비기), 신라에서 사용한 것으로 확인됩니다. 특히 7세기대 고식 수막새를 제작할 때 가장 많이 사용한 기법으로 보이며, 그만큼 생산과 공급의 범위

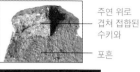

a : 수키와의 끝
(와당의 주연부)

b : 와당 내구의 상단

c : 와당 뒷면의 보토부

주연 위로
겹쳐 접합된
수키와

포흔

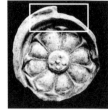

포흔

타날흔

C-1 방내리 고분 출토 수막새

C-2 분황사 출토 수막새

신라 수막새의 접합 기법(C기법) 사례.

도 넓은 편입니다. 수키와가 그대로 와당의 상부 주
연을 이루는 사례(C-1)도 있지만, 와당 주연의 점토 위
에 수키와를 겹쳐 부착하는 사례(C-2)도 있습니다. 와
당 상단에 수키와의 오목면에서 찍힌 마포*의 흔적(포
흔布痕)이 남는 것이 특징입니다. 수키와를 제작할 때
에는 나무로 만든 성형틀에 점토가 들러붙지 않도록
마포를 감기 때문에, 수키와 오목면에 마포의 흔적이
찍히게 됩니다. 그 수키와를 와당 위에 부착하면서
그 포흔이 또다시 찍히게 된 것이지요. 이렇듯 기와
에는 와공의 작업 과정을 알 수 있는 요소들이 곳곳

에서 관찰됩니다.

통일신라식 수막새의 접합 방식은 와당 뒷면에 수키와를 부착한 뒤 점토를 덧붙여 보완하는 와당 뒷면 접착 기법(D)으로 고정됩니다.

그렇다면 얼굴 무늬 수막새 역시 앞서 살펴본 제작 방식과 동일한 과정을 거쳤을까요? 지금까지 얼굴 무늬 수막새는 와범에서 찍어 낸 것이 아닌, 직접 손으로 빚어 모양을 만들었다는 의견이 지배적이었습니다. 동그랗게 꽃술 받침대를 표현한 자방(子房)을 중심으로 형태와 크기가 같은 꽃잎이 일정하게 펼쳐지는 연꽃무늬 수막새에 비해, 얼굴 무늬의 비대칭 구조와 다소 거칠게 느껴지는 표현이 수작업의 결과물처럼 보이기는 합니다.

그러나 실제로 얼굴 무늬 수막새를 관찰해 보면, 와당 곳곳에 목제 와범 특유의 목질흔(木質痕)이 남아 있습니다. 특히 와범의 모서리에 해당하는 와당 내구와 주연(외구)의 경계부에서 거칠게 정리된 나무의 흔적을 그대로 감지할 수 있습니다. 즉, 얼굴 무늬 수막새는 같은 시기에 제작·사용된 일반적인 수막새들과 마찬가지로 도안을 새긴 와범에서 문양을 찍어 냈음을

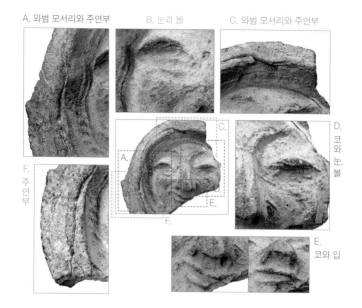

A. 와범 모서리와 주연부 · B. 눈과 볼 · C. 와범 모서리와 주연부 · D. 코와 눈, 볼 · F. 주연부 · F. · E. 코와 입

얼굴 무늬 수막새의 세부.

알 수 있습니다. 두툼히 솟은 양 볼도, 울퉁불퉁 거친 피부도, 기울어진 미간의 주름도, 벌어진 콧구멍과 한 쪽으로 올라간 입술도, 모두 목제 틀에서 찍어 냈다는 데에 의심의 여지가 없습니다. 와범의 깊은 부분에 해당하는 테두리 부분(주연부)과 반달 모양의 눈에 우선적으로 점토를 채워 넣은 것 이외에는 점토를 덧붙이거나 깎아 낸 흔적도 거의 찾아보기 어렵습니다. 물론

성형의 마지막 단계에서는 부분적인 수작업으로 마무리했을 것입니다.

문양이 없는 주연의 두께가 일정하지 않은 것으로 보아, 이 기와의 제작에 사용된 와범은 고식 수막새의 와범처럼 바깥쪽이 개방된 구조이며, 보조 와범은 쓰이지 않은 것으로 보입니다. 연꽃무늬 일색의 디자인을 벗어나, 사람의 얼굴을 담은 새롭고도 자유로운 시도가 조각을 통해 표현됐다는 의외의 사실에 이 유물에 대한 의문과 관심이 더욱 커집니다.

수키와는 떨어져 나간 상태이지만, 와당의 위쪽 부분에는 수키와 오목면에서 찍힌 마포의 흔적이 희미하게 남아 있습니다. 주연의 위쪽에 수키와를 겹쳐 부착하는 방식, 이른바 '수키와 피복 접합 기법(C-2)'이 사용됐기 때문입니다.

한편 이 수막새의 크기에도 주목할 필요가 있습니다. 와당면의 전체(복원) 직경은 14~15센티미터로 같은 시기에 제작·사용된 일반적인 수막새의 수치 범위에서 벗어나지 않지만, 주연을 제외한 내구의 직경은 꽤 작은 편입니다. 문양이 새겨진 내구의 크기가 작다 보니, 다른 수막새보다 주연을 두껍게 마련하여 일

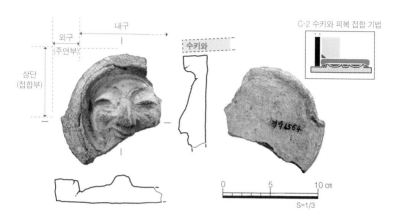

C-2 수키와 피복 접합 기법

외구
(주연부)
내구
상단
(접합부)
수키와
경바1564

0   5   10 cm
S=1/3

와당 뒷면

와당 뒷면
와당면

와당면
와당 뒷면

얼굴 무늬 수막새 실측도 및 접합부 모습.

반적인 규격에 맞추었을 가능성이 큽니다. 그 과정에서 수키와를 주연 위로 겹쳐 연결해 붙였을 것입니다. 수키와 양 끝이 부착되는 부분에는 뾰족한 도구로 그어 미리 표시한 흔적이 남아 있습니다. 얼굴 무늬 수막새가 우연히 만들어진 것이 아니라 일반적인 공정에 맞추어 제작됐음을 보여 줍니다. 뒷면 위쪽에는 수키와가 잘 접합될 수 있도록 점토를 붙여 보완한 흔적도 보입니다. 뒷면은 전체적으로 편평하게 정리했습니다.

얼굴 무늬 수막새를 만든 방식을 종합해 볼 때, 이 수막새는 영묘사가 지어진 7세기 전반 즈음에 제작된 것으로 추정됩니다. 이 무렵 신라의 도성인 경주 지역에서는 크고 작은 건축 공사가 끊임없이 이어졌습니다. 기와를 대량 생산한 공방에서는 수막새의 와범에 조각하기 쉬운 심플한 형태의 연꽃무늬를 공통적으로 사용했습니다. 이러한 기와 제작 기술은 경주 지역을 넘어 울산 입암동·반구동 유적, 충주 탑평리 유적과 같은 지방 도시로도 확산됐습니다.[13]

얼굴 무늬 수막새는 분명 기와에 시공하기 위한 조건들을 잘 갖추고 있어, 지붕 위에 올려져 사용됐다고 보는 데 무리가 없을 듯합니다. 하지만 여전히 풀리지 않는 질문들이 남아 있습니다. 혹시 이 수막새의 얼굴 무늬 와범은 본래 기와 생산을 위해 제작된 것이 아니라 다른 용도로 만들어진 것이 아니었을까요? 혹은 기와가 아닌 다른 제품을 만들던 공인이 도안하고 조각한 와범이었던 건 아닐까요? 와범이 있었는데도 단 한 개의 수막새만 발견된 점, 와범의 크기가 원래의 규격과 다르다는 점, 당시에 공유되던 일반적인 디자인에서 벗어나 창의적인 문양으로 만들어진 점 등 때문에 그러한 의문이 생깁니다.

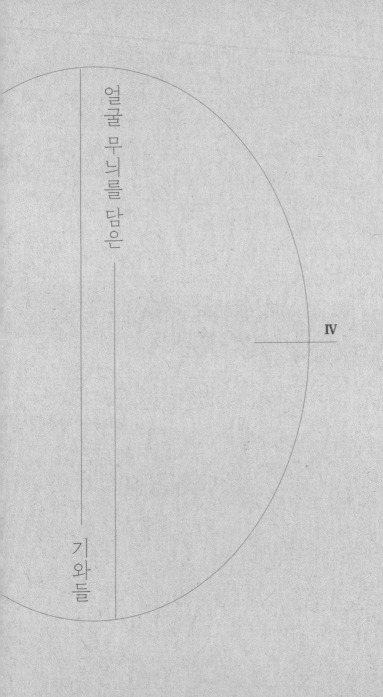

얼굴 무늬를 담은

기와들

IV

얼굴 무늬 수막새는 신라가 삼국을 통합하기 이전인 7세기 전반의 어느 시점에 만들어져 영묘사가 처음 지어질 때 지붕에 올려진 것으로 생각됩니다. 이 시기의 수막새 와당에는 불교를 상징하는 연꽃무늬를 새기는 게 일반적이었습니다. 연꽃무늬 수막새는 중국에서 남북조 시대를 전후하여 나타나, 불교가 전파되면서 동아시아 곳곳으로 확산됐습니다.[14] 중국의 북조에서는 5세기 후엽부터 아래 그림 ①~④번 형태의 수막새가 만들어지기 시작했고, 남조에서는 이미 4세기 말에서 5세기 초에 ⑤번과 같은 연꽃무늬 수막새를 사용했다고 알려져 있습니다. 한반도의 고구려·백제·신라에서도 그 영향을 받아 연꽃무늬 수막새가 주류

원강석굴의 서북대지

풍산

평성 명당지

난징 푸구이 M6 묘

중국의 초기 연꽃무늬 수막새.

를 이뤘으며, 통일신라 시대를 거쳐 고려·조선 시대에 이르기까지 다양한 모습의 연꽃무늬가 나타납니다.

신라의 얼굴 무늬 수막새와 같이 기와에 사람 얼굴을 새기는 경우는 흔하지 않지만, 시공간적 범위를 넓혀 살펴보면 꽤 다양한 사례를 찾을 수 있습니다.

중국에서는 연꽃무늬 수막새가 등장하기 전에 이미 얼굴 무늬 수막새가 제작됐다고 알려져 있습니다. 중국 춘추 시대 제나라(기원전 771경~221)의 반원형 기와는 동물이나 식물을 그린 것이 대부분이지만, 끝을 올린 콧수염이 재미있는 얼굴 무늬도 있습니다.[15]

이후 장쑤성 난징시 따싱궁(大行宮) 유적의 발굴 조

중국 제나라의 얼굴 무늬 기와.

사 중 후한 시대(25~220)의 전통적인 와당 문양인 구름무늬(운문雲文) 수막새와 얼굴 무늬 수막새가 함께 출토됐습니다. 중국에서는 이 무렵에 얼굴 무늬를 담은 기와가 본격적으로 유행하기 시작한 듯합니다(63쪽 ①~⑥).[16] 얼굴 무늬 수막새는 짐승 얼굴 무늬(수면문獸面文) 수막새와 연꽃무늬 수막새가 출현하기 전인, 동진(317~420) 초기까지 지금의 난징 지역을 중심으로 활발하게 사용됐습니다.[17] 타원형의 눈과 눈썹, 두툼한 코, 볼록하게 솟은 볼, 입 주변으로 뻗은 수염이 이 시기 기와에 담긴 얼굴 무늬의 공통된 특징입니다. 이후 얼굴 무늬 수막새는 중국 화이허(淮河)의 남쪽 지역을 넘어 지금의 베트남 여러 지역에까지 전해졌습니다(64쪽 ⑦, ⑧).[18]

한편, 짐승 얼굴 무늬는 부릅뜬 눈과 갈기, 송곳니

장쑤성 난징시 따싱궁 유적

중국의 얼굴 무늬 기와.

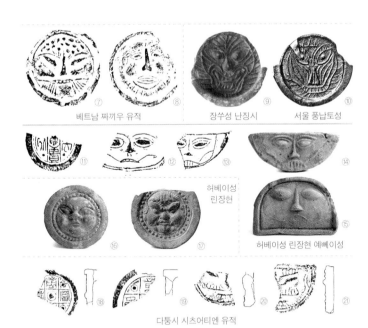

베트남 짜끼우 유적 ⑦ ⑧

장쑤성 난징시 ⑨

서울 풍납토성 ⑩

⑪ ⑫ ⑬ ⑭

허베이성 린장현

⑮

허베이성 린장현 예뻬이성

⑯ ⑰

다퉁시 시츠어티엔 유적 ⑱ ⑲ ⑳ ㉑

중국의 얼굴 무늬 기와 및 관련 기와.

를 드러낸 입을 표현해 이전 시기의 얼굴 무늬와 차이
가 있습니다. 서울 풍납토성에서 출토된 백제 한성기
의 짐승 얼굴 무늬 수막새는 문양의 도안과 제작 방식
이 동진의 수막새와 유사하여, 4세기 중엽부터 5세기
중엽 사이에 동진에서 전해졌음을 알 수 있습니다(⑨,
⑩). 허베이성 린장현의 예뻬이성(鄴北城)에서는 '富貴

万歲(부귀만세)' 글자가 새겨진 수막새와 함께 얼굴 무늬가 있는 반원형 장식 기와가 출토됐습니다(⑪~⑮).[19] 이것은 5호 16국 시대의 연나라, 즉 전연(前燕, 337~370)의 기와입니다. 또, 다퉁시 시츠어티엔(西冊田) 유적에서도 '万歲富貴(만세부귀)' 글자 수막새와 얼굴 무늬 반원형 장식 기와가 확인됐습니다(⑱~㉑). 두 지역의 수막새는 눈과 눈썹, 코와 입을 단순하게 배치한 모습이 닮아 있습니다. 린장현에서는 힘을 주어 찡그린 눈과 꼭 다문 입술을 섬세하게 나타낸 얼굴 무늬 수막새도 발견되었는데, 얼굴 주변을 작은 원을 촘촘하게 배열한 구슬 무늬(연주문連珠文)로 장식한 점이 독특합니다. 이 수막새는 동위·북제 시대(534~577)에 만들어진 기와로 추정됩니다(⑯, ⑰).[20]

한반도의 삼국 시대를 살펴보면, 우선 신라에서는 황룡사 출토 치미(鴟尾)에 보이는 얼굴 무늬가 생각납니다. 치미는 지붕 용마루 양 끝에 놓이는 장식 기와인데요. 황룡사에서는 치미가 다수 출토됐지만, 전체적인 형태를 복원할 수 있었던 건 강당지(講堂址) 주변 폐와(廢瓦) 무지에서 수습된 치미 하나뿐이었습니다. 이 치미는 높이가 187센티미터나 되어, 지금까지 확

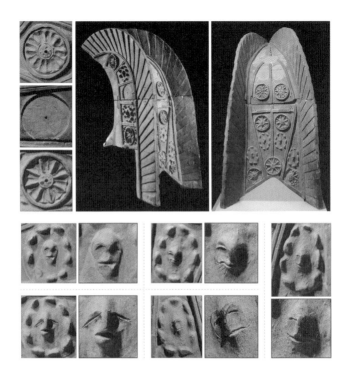

황룡사지 치미에 시문 된 얼굴 무늬.

인된 신라 치미 중 가장 큰 것으로 알려져 있습니다.

치미의 양쪽 몸통과 종대*, 그리고 두 날개 사이의 배 부분에는 연꽃무늬 11개와 얼굴 무늬 8개가 남아 있습니다. 연꽃무늬는 치미에 얕은 홈을 동그랗게 판 뒤, 따로 만들어진 원판형 점토를 끼워 넣듯이 부착했습니다. 얼굴 무늬는 점토를 넓게 덧붙인 뒤, 가운데에 좀 더 두껍게 점토를 더하여 얼굴의 윤곽을 만들고, 날카로운 도구로 눈과 입을 그려 넣었습니다. 그 둘레에는 작은 점토를 구슬 무늬처럼 둥글게 붙여서 자연스럽게 구획했으며, 원형의 연꽃무늬와도 균형을 이룹니다. 얼굴의 크기와 모습은 일정하지 않지만, 밝게 웃고 있는 아이 같은 얼굴과 턱 부분에 수염을 선으로 새긴 나이 든 남성의 얼굴을 구분할 수 있습니다. 5~6세기대 소박한 표정의 신라 토우(土偶)*를 떠올리게 됩니다.

통일신라 시대에서는 경주 지역에서 수습된 기와 두 점이 눈길을 끕니다. 다음 페이지 사진을 볼까요? 한 점은 두꺼운 주연에 구슬 무늬를 배치하고 내구 가득 입체감 있는 얼굴을 새긴 수막새로, 절반 이상 파손된 상태입니다. 양 끝이 처진 입술 안에 무엇인가

얼굴 무늬 수막새

판형의 마루 장식 기와

얼굴 무늬가 시문된 통일신라 시대 기와.

물고 있거나 혀를 내밀고 있는 듯하여, 도깨비나 짐승
의 얼굴일 가능성도 배제할 수 없습니다. 다른 한 점
은 중앙에 못 구멍을 뚫은 판형의 마루 장식 기와[21]로,
기와 아래쪽에 눈·코·입을 가진 반원형 얼굴이 표현
돼 있습니다. 얼굴 무늬가 새겨진 자리는 수키와 위에
얹어 시공했다면 반원형으로 도려내어야 하는 부분인
데, 그럴 필요가 없어지자 빈 곳에 얼굴 무늬를 새겨
넣은 것 같습니다. 반달형으로 음각한 눈, 구멍을 뚫은
코, 선으로 그린 입의 모습이 해학적입니다.

　고구려에는 평양성기(427~668)의 연꽃무늬 수막새
중 반구형(半球形) 자방을 중심으로 꽃잎과 얼굴을 번

갈아 배치한 연꽃·얼굴 무늬 수막새가 있습니다. 아래 사진 ①~④를 한번 보세요. 얼굴은 두 가지인데, 부리 부리한 눈과 수북한 수염이 사실적으로 표현된 노인 의 얼굴, 그리고 큰 코 아래로 혀를 길게 내밀고 있는 얼굴입니다. 두 번째 얼굴은 사람이 아닌 초월적 대상

연꽃·얼굴 무늬 수막새   연꽃·도깨비 얼굴 무늬 수막새

얼굴 무늬가 시문된 고구려 기와.

의 또 다른 모습인 듯합니다. 한편, 같은 구조로 두 종류의 도깨비 얼굴(귀면鬼面)을 배치한 연꽃·도깨비 얼굴 무늬 수막새도 확인됐습니다. ⑤~⑧번 사진입니다. 두툼하게 들려있는 코와 이빨을 드러낸 입의 표현은 사람의 얼굴과는 분명 차이가 있습니다.

백제에서는 익산 미륵사지에서 얼굴 무늬를 담은 기와들이 여러 점 발견됐습니다. 우선 미륵사지 창건에 사용된 수막새 중, 수키와의 오목면에 붉은색으로 얼굴을 그려 넣은 것이 있습니다. 오른쪽 페이지 ①번 사진을 보면, 이마에 점처럼 보이는 백호(白毫)*가 있습니다. 부처의 모습으로 생각되는데, 볼과 턱으로 이어지는 윤곽선의 표현이 유려합니다. 겉으로 드러나지 않는 곳에 부처의 얼굴을 담은 이유는 와공의 간절하고도 비밀스러운 소망의 표현이었을까요, 아니면 공공연히 행해진 당시의 풍습이었을까요? 사뭇 궁금해집니다.

통일신라 시대 것으로 추정되는 얼굴 무늬 수막새(②)는 바깥쪽으로 처진 눈매와 입술 아래의 수염, 볼 옆의 큰 귀가 특징적입니다. 한편, 미륵사지에서는 볼록한 면에 얼굴을 새긴 암키와·수키와도 다수 발견됐

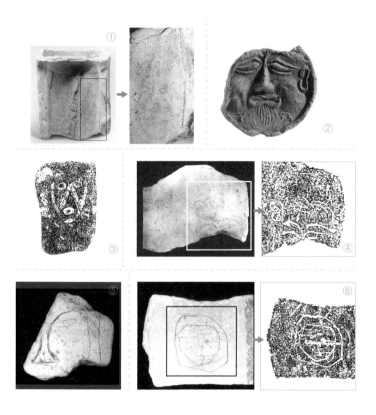

미륵사지 출토 기와에 시문된 얼굴 무늬.

습니다. 여러 번 선을 그어 공들인 흔적으로 남은 얼굴이 있는가 하면, 무심코 그려 넣은 듯한 얼굴도 있어, 공통점을 찾기는 쉽지 않습니다. 눈·코·입을 저마다의 방식으로 표현한 모습이 흥미롭지요(③~⑥).

　오른쪽 페이지의 기와들을 볼까요? 고려 시대 이후에는 더욱 다양한 양상의 얼굴 무늬 기와들이 등장합니다. 경산 양지리 유적의 기와를 굽던 가마터(와요지瓦窯址)에서는 길게 뻗은 눈썹과 코, 원형의 눈을 와당 가득히 배치하고 테두리에 침선(針線)을 돌린 단순한 형태의 얼굴 무늬 수막새가 출토됐습니다. 입을 생략하여 표정을 읽을 수 없는 얼굴은 와범에서 찍어 낸 것으로, 함께 제작된 개체가 여러 점 나왔습니다(①). 연꽃무늬 중앙의 꽃술 받침대 부분(자방)에 얼굴을 담기도 하고(②), 암키와·수키와의 볼록면에 선으로 단순한 얼굴을 새기기도 하는(④, ⑤) 등 모두 나름의 방식으로 기와에 얼굴을 담았습니다. 머리 위로 터럭을 세우고 팔과 다리를 아래로 모은 보령 성주사지 출토 수막새의 문양은 짐승이나 도깨비 얼굴을 변형한 모습으로 보입니다(③).

　그런가 하면 암키와·수키와의 성형 과정에서 점토

① 경산 양지리 유적

② 충주 미륵리사지

③ 보령 성주사지

④ 양양 진전사지

⑥ 파주 혜음원지

⑤ 영월 흥교사지

⑦ 안성 봉업사지

⑧ 안성 봉업사지

⑨ 구미 수다사

⑩ 출토지 미상

⑪ 무안 외읍면

⑫ 논산 돈암서원

—————————————— 얼굴 무늬가 시문된 고려·조선 시대의 기와.

를 두드리는 도구인 타날판(打捺板)에 얼굴을 새겨 넣은 경우도 있습니다. 그중 파주에 있는 고려 시대 관아 유적지인 혜음원지와 안성 봉업사지 출토 암키와가 인상적입니다. 이마와 양 볼에 연지곤지를 찍은 얼굴이 새겨진 타날판으로 두드려 같은 얼굴이 반복적으로 찍혀 있습니다. 수염을 가진 얼굴을 성인 남성으로 인식하듯, 연지곤지는 여성의 얼굴을 나타내는 상징적 표현으로 이해할 수 있습니다(⑥~⑧). 특히 혜음원지에서 발견된 화사한 얼굴은 혜음원의 왕실 후원을 주도하였던 고려 인종의 비(妃) 공예태후(恭睿太后, 1109~1183)를 모델로 했다는 의견이 제시된 적이 있습니다.[22] 그 추정이 사실이라면, 태후의 공헌을 기억하는 최고의 방식이었을지도 모르겠습니다(⑥).

조선 후기에 이르면 암막새를 뒤집은 형태의 마루 장식 기와(망새)에 얼굴 무늬를 활용하는 경우가 보입니다. 와범으로 문양을 찍기도 하고 점토를 붙여 눈·코·입을 나타내기도 했습니다. 조선 시대에는 민가에까지 기와를 폭넓게 사용하게 되지만 처마와 마루 장식은 간소화되는 경향이 있습니다. 소박한 지붕의 끝머리에서 세상을 바라보는 무심한 표정이 민중의 평범한 얼굴로 다가옵니다.

바다 건너 일본에서도 얼굴 무늬를 가진 기와가 사용됐습니다. 아래 사진을 보시죠. 시가현 나가하마시(長浜市)의 야시마폐사(八島廢寺)에서 출토된 판형 마루 장식 기와는 네 모서리를 얼굴로 마감했습니다. 중앙의 연꽃무늬에는 고정을 위한 못 구멍이 뚫려 있고, 반달 모양의 눈과 입, 넓은 이마와 연결되는 코를 가진 얼굴

자방에 얼굴 무늬를 넣은 연꽃무늬 수막새:
일본-나라 시대 추정

판형 마루 장식 기와: 일본 시가현 나가하마시
야시마폐사-아스카 시대(하쿠호 시대)

얼굴 무늬 수막새: 일본 교토시 헤이안쿄-헤이안 시대

───────────────────────── 얼굴 무늬가 시문된 일본 기와.

이 네 귀퉁이에 자리합니다. 하나의 와범으로 전체 문양을 찍어 만들었습니다. 모양을 다 만든 다음 수키와 위에 얹어 시공할 수 있도록 아래쪽에 반원형의 홈을 파면서 얼굴 무늬 일부가 베어졌습니다. 7세기 후반인 아스카 시대 말기에 만들어진 기와로 추정됩니다.

정확한 출토지를 알 수 없으나, 꽃잎의 형태로 보아 나라 시대(710~794) 이후의 것으로 추정되는 연꽃·얼굴 무늬 수막새도 있습니다. 연꽃무늬 가운데를 가득 채운 얼굴은 수염을 가진 남성의 모습입니다. 헤이안 시대(794~1185)의 도성(都城)이었던 교토 지역에서도 하나의 와범으로 문양을 찍어 낸 얼굴 무늬 수막새가 여러 점 출토됐습니다. 역시 턱에는 양쪽으로 갈라진 수염이 표현됐으며, 주연의 안쪽으로 작은 원 장식을 돌려 얼굴을 감싸고 있습니다.

와범에서 찍어 낸 얼굴 무늬 수막새가 처마 끝에 나란히 올려진 풍경을 떠올려 보세요. 연꽃으로 장식된 지붕의 모습과는 또 다른 인상을 자아냅니다. 오랜 시간, 넓은 지역에서 기와의 문양으로 도안되어 온 만큼 이목구비의 표현 방식도 다양하게 나타납니다. 전반적으로는 수염을 가진 나이 지긋한 남성의 얼굴이 큰 비율을 차지합니다. 지혜로운 어른의 모습을 담고자 한 것인지, 도교의 신선 사상이 깃든 건물을 의도한 것인지, 현재로서는 알기 어렵습니다. 그러나 기와가 왕궁과 관아를 비롯한 도성 내의 주요 건물들에만 사용됐음을 생각하면, 분명 어떤 의미가 있었으리라 생각됩니다.

기와의 얼굴 무늬는 이후 도깨비·귀신 얼굴, 짐승 얼굴, 용 얼굴 무늬로 확장됩니다. 이 무늬들은 모두 눈·코·입을 갖춘 얼굴을 정면에서 본 모습을 표현했다는 점에서 매우 유사하므로, 명확하게 구분하기 어렵습니다. 통일신라 시대 판형 마루 장식 기와의 문양도 일반적으로 도깨비 얼굴, 혹은 귀신 얼굴이라 불리고 있지만, 짐승이나 용의 얼굴이라는 의견도 끊임없이 제기되고 있습니다. 귀신의 한 종류이지만 우리에게 보다 친근하게 느껴지는 도깨비의 얼굴로 귀신을 쫓는다는 이귀제귀(以鬼制鬼)의 염원을 담고 있는 것으로 생각됩니다.[23] 짐승 얼굴 무늬는 호랑이(호면虎面)와 같은 짐승의 성난 얼굴을 통해 악귀를 물리치고자 하는 마음을 담았을 테지요. 용은 여러 물품의 장식으로 쓰여 온 대표적인 상상의 동물로서 최고의 상서로

판형의 마루 장식 기와:
동궁과 월지.

움을 의미합니다. 결국 기와가 올려진 건물의 안전과
그곳에서의 평안한 생활을 위해 세상의 나쁜 것을 물
리치고자 하는 바람이 만들어 낸 형상이라는 점에서
모두 의미가 통합니다.

특히 도깨비 얼굴과 사람 얼굴은 세부 표현이 간략
해지면서 그 경계가 모호해지는 경향이 보입니다. 예
를 들어, 공주·부여·익산을 중심으로 하는 옛 백제 지
역에서는 꽤 오랜 기간 도깨비 얼굴·덩굴 무늬 암막새
가 유행했습니다. 도깨비 얼굴을 중앙에 두고 좌우로

부여 금강사지 출토 암막새-고려 시대

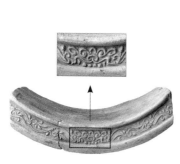

익산 제석사지 출토 암막새-백제 사비기

부여 금강사지 출토 암막새-고려 시대

도깨비 얼굴 무늬가 새겨진 백제 지역의 암막새.

뻗어 나간 식물의 줄기를 그려 넣은 것인데, 익산 제석사지에서 출토된 백제 사비기(538~660) 암막새 중앙의 도깨비 얼굴 무늬와 부여 금강사지에서 출토된 고려 시대 암막새에 새겨진 도깨비 얼굴 무늬를 비교해 보면, 전체적으로 그 표현이 단순하고 간결해졌음을 알 수 있습니다. 고대에서 중세로 그리고 근세로, 시간이 지날수록 세부 표현이 간략해지는 현상이 짙어진 것으로 생각됩니다.

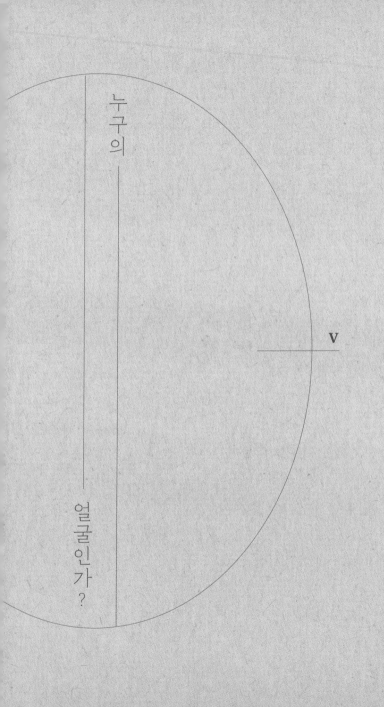

누구의 ——— 얼굴인가?

V

머릿속 이미지를 실제 모습으로 시각화한 이래, 인류는 사람의 얼굴을 그리고 빚고 새기기를 계속해 왔습니다. 오늘날 우리는 그렇게 남겨진 다채로운 얼굴을 통해 옛사람들의 삶을 상상하고, 종교적·관념적 의미를 탐구합니다.

신라에서 얼굴 무늬 수막새가 만들어져 지붕에 올려진 시기, 눈·코·입을 갖춘 형상은 주로 액운을 막는 벽사(闢邪)의 방법으로 사용됐습니다. 악귀와 질병을 쫓아내기 위해 험악한 표정으로 위협하는 얼굴을 하늘과 인간의 경계를 가르듯 지붕의 처마선을 따라 올렸습니다.

그런데 영묘사의 얼굴 무늬 수막새는 그러한 일반적인 사례를 따르지 않습니다. 오히려 부드러운 미소로 섬뜩한 악령에 대처합니다. 상식을 뛰어넘은 기발한 방식의 벽사라 평가되는 이유이기도 하지요.[24] 얼굴 무늬 수막새의 미소 앞에서 공포를 느끼는 이는 없겠지만, 그 미소의 위엄은 결코 가볍지 않습니다. 어쩌면 노여움 대신 춤과 노래로 역신을 무릎 꿇게 만들었다는 신라 설화 속 처용(處容)의 고고한 자세와 맞닿아 있을지도 모르겠습니다. 얼굴 무늬 수막새가 세속을 뛰어넘은 존재의 형상이라는 점만은 부정할 수 없을 듯합니다. 그럼에도 불구하고 궁금함을 떨칠 수 없는 문제가 있습니다. 과연 신라의 얼굴 무늬 수막새는 누구의 얼굴을 담은 것일까요?

가장 먼저 부처의 얼굴을 떠올려 봅니다. 강단 있는 콧대로 연결되는 길고 여유로운 눈매가 불상의 표현과도 닮아 있기 때문입니다. 얼굴 무늬 수막새는 금동반가사유상에 보이는 단순하고도 선명한 이목구비의 흐름을 기와에 옮겨 놓은 결과물이 아닐까요? 물론 얼굴 무늬 수막새의 표현은 비교가 무색할 정도로 거칠게 느껴지지만, 나무에서 흙으로 옮겨진 온화한 표정만은 매끄러운 금속에 새겨진 그것과 다르지 않아 보입니다. 불국토의 인연 속에서 세(世)를 거듭하며 불법(佛法)의 보호를 받아 온 경주 지역 곳곳에 부처가 자리하듯이, 영묘사 지붕의 끝자락에도 그 미소를 밝히고 싶은 누군가의 손길이 닿았을지 모를 일입니다.

다른 기와의 얼굴들과 달리 수염이 표현되지 않은 온화로운 표정은 어쩌면 여인의 얼굴, 선덕여왕의 얼굴은 아니었을까요? 얼굴 무늬 수막새가 출토된 영묘

금동 반가사유상.

경주 선덕여왕릉.

사는 온통 여왕의 일화로 가득합니다. 여성의 한계를
넘어 고대의 군주로 당당히 서기 위한 선덕여왕의 의
지가 불교라는 무대 위에서 빛을 발하는 장면들입니다.
박물관 유리벽 안의 자애로운 미소에서 선덕여왕의 모
습을 비추어 보게 되는 것은 당연할지도 모르겠습니다.

  그런가 하면 영묘사라는 독특한 절 이름에서 신라
의 시조 박혁거세의 부인이자 신라의 첫 왕후인 알영
부인(閼英夫人)이 떠오릅니다. 영묘는 신령을 모시는
묘당(廟堂), 즉 조상을 모시는 곳이라는 의미를 갖습니다. 따라서 영묘사를 포함한 신라 중대의 성전사원들은 왕실의 조상 숭배를 위한 기능도 했다고 생각됩니다. 그렇다면 얼굴 무늬 수막새는 알영부인의 얼굴을 담은 것일지도 모르겠습니다.[25] 선덕여왕은 즉위 4년 당(唐)으로부터 책봉을 받은 뒤, 영묘사의 완공과 때를 같이하여 '성조황고(聖祖皇姑)'라는 존호(尊號)를 받았습니다. 성스러운 선조로부터 혈통적 정통성을 계승한 여황제의 탄생을 알린 것이지요.[26] 여왕의 견고

경주 오릉.

한 정치적 기반이 될 수 있는 조상으로 주목되는 인물이 바로 알영부인입니다. 알영부인은 알영정(閼英井)에서 솟아오른 용의 옆구리에서 태어났다는 독자적 탄생 설화를 가지고 있어, 신라 건국 과정에서 중요한 상징성을 가지는 인물입니다. 《삼국사기》에도 박혁거세와 알영부인을 '이성(二聖)'으로 지칭합니다. 신라의 다섯 시조인 박혁거세·알영 왕비·남해왕·유리왕·파사왕의 능이라고 전해지는 오릉(五陵)에서 가장 가깝게 위치한 불교 사원이 영묘사인 점도 지나칠 수 없겠습니다.[27]

우리의 얼굴 무늬 수막새는 아직까지 같은 문양을 전혀 찾아볼 수 없는 유일무이한 존재입니다. 직접적인 기록이나 유사한 사례가 남아 있지 않은 지금의 상황에서 얼굴 무늬 수막새가 어떤 경위로 제작됐는지 알아내기는 어렵습니다. 나무틀에 문양을 새기고 그 틀을 점토에 찍어 낸 뒤 수키와를 붙여 가마에서 구워 내는 과정을 거치며, 공인은 분명 누군가의 모습을 떠올렸겠지요. 국립경주박물관에 전시된 얼굴 무늬 수막새와 눈을 마주친 이들은 그러한 의문에서 여러 얼굴을 떠올리게 됩니다.

　누군가는 곁을 지키는 동료의 얼굴을 새삼스레 바라보았고, 누군가는 초등학교 졸업식 이후 뵌 적 없는 선생님이 생각났다고 합니다. 또 누군가는 불현듯 엄마의 얼굴을 떠올렸다고 하지요. 잠시 멈추어 그리운 얼굴을 생각해 내고 얼굴 무늬 수막새처럼 여유 있는 웃음을 지어 본다면, 그것이야말로 이 신비로운 문화유산을 대하는 가장 적절한 자세가 아닐까요.

얼굴 무늬 수막새는 천년 고도 신라의 지붕을 구성했던 건축 자재로, 연꽃무늬 일색의 지붕 장식에서 돋보이는 디자인입니다. 영묘사에서 선덕여왕의 모습을 지켜보았던 증인이라고도 할 수 있겠지요. 주변 국가에서 유입된 기술 요소가 축적돼 마련된 7세기대의 안정된 기와 생산 체제 속에서 와공들의 땀과 노력으로 빚어낸 산물이기도 합니다. 국경을 넘어 긴 여정을 떠나야 했던 서글픈 문화유산이지만, 순수한 애정과 이해를 통해 고국으로 돌아온 흔치 않은 사례로 기억될 것입니다. 기와로서는 처음으로 보물로 지정되는 영광을 누리기도 했습니다. 얼굴 무늬 수막새에 담긴 시간과 공간의 기록들은 이 유물의 역사적 가치를 반영합니다.

* **주연**(周緣)

둘레의 가장자리. 막새에서는 테두리의 볼록하게 돌출된 부분을 가리킨다.

* **가릉빈가**(迦陵頻伽)

사람의 머리에 새의 몸을 한 상상의 새. 산스크리트어 깔라빈까(Kalaviṅka)를 음차한 용어다. 주로 화관을 쓰고 악기를 연주하는 형태로 묘사되며, 불경(佛經)에는 깃이 아름답고 맑은 소리를 내는 영험한 존재로 전한다.

* **타날판**(打捺板)

기와를 제작할 때, 점토가 성형틀에 잘 밀착되도록 두드리는 도구. 타날판의 표면에 새겨진 무늬가 기와의 볼록면에 찍혀 남는데, 이것이 기와의 시기를 알려 주는 중요한 단서가 된다.

* **성전사원**(盛典寺院)

성전(成典)이 설치되었던 신라 중대의 사원. 성전은 왕실 사원의 관리와 운영을 담당하였던 관청을 말한다. 사천왕사(四天王寺)·봉성사(奉聖寺)·감은사(感恩寺)·봉덕사(奉德寺)·봉은사(奉恩寺)·영묘사(靈廟寺)·영흥사(永興寺) 등 7개 사찰을 지칭한다.

＊ **과거칠불** (過去七佛)
지난 세상에 출현했던 일곱 부처를 가리키는 불교 용어. 비바시불(毘婆尸佛)·시기불(尸棄佛)·비사부불(毘舍浮佛)·구류손불(拘留孫佛)·구나함불(拘那含佛)·가섭불(迦葉佛)·석가모니불(釋迦牟尼佛)을 말한다. 《삼국유사》에 따르면, 신라의 서울 서라벌에는 과거칠불이 머물며 설법하던 절터가 있었다고 한다.

＊ **불국토설** (佛國土說)
서라벌이 본래 인도처럼 부처와 인연이 깊은 곳이었다는 신라의 불교 사상. 불교를 통치에 적극 활용하여, 왕권을 강화하고자 하는 의도가 반영되어 있다.

＊ **창건가람** (創建伽藍)
가장 처음 건설되었을 때의 불교 사원 및 그 건물들.

＊ **중건가람** (重建伽藍)
보수하거나 고쳐 지은 후의 불교 사원 및 그 건물들.

＊ **금당** (金堂)
불교 사원에서 본존(本尊), 즉 석가모니불을 모셔 두는 중심 건물. 불전(佛殿), 법당(法堂), 본당(本堂) 등의 용어로도 불린다.

* **쌍탑일금당**(雙塔一金堂)

한 개의 금당 앞에 두 개의 탑을 나란히 배치한 가람 배치. 7세기 말~8세기 통일신라 시대 경주 지역에서 크게 유행하였으며, 8세기 중엽~9세기대에는 전국 각지로 전파되었다.

* **책봉**(册封)

높은 위치에 임명하여 자격을 주는 행위.

* **장륙삼존상**(丈六三尊像)

높이가 일장육척(一丈六尺: 약 4.8미터)이나 되는 거대한 석가여래삼존상. 황룡사지에서는 그 불상을 세웠던 대좌(臺座)가 남아 있으며, 영묘사에도 존재하였던 것으로 전한다.

* **천인상**(天人像)

부처가 설법하였을 때 그 주변에서 부처의 공덕을 찬양하였던 존재. 하늘을 나는 여자 선인(仙人)의 모습으로 표현되는 것이 일반적이다.

* **탑기**(塔記)

탑에 대한 기록. 김천 갈항사지(葛項寺址) 석탑에는 통일신라 경덕왕 17년(758)에 영묘사의 언적법사(言寂法師)가 사원의 중창에 관여했다는 명문이 새겨져 있다.

* **동종**(銅鐘)

구리로 만든 범종. 사찰에서 시각을 알리거나 사람들을 모이게 할 때 사용된다.

＊ **마포**(麻布)
삼에서 뽑아낸 실로 짠 거친 천. 암키와·수키와를 제작할 때, 성형틀에 젖은 천을 둘러 기와의 점토가 들러붙는 것을 막는다.

＊ **시문**(施文)
문양을 새기거나 그려 넣어 장식한다는 뜻.

＊ **종대**(縱帶)
세로 방향(종방향)의 긴 띠.

＊ **토우**(土偶)
흙으로 사람이나 동물 모양 등을 만든 것. 신라에서는 거칠지만 소박하게 표현된 다양한 모습의 토우가 제작되어 무덤의 부장품으로 사용되었다. 주로 마립간 시기의 무덤에서 발견되며, 당대의 생활상을 잘 보여 준다.

＊ **백호**(白毫)
흔히 부처하면 떠올리는 이마의 둥근 점으로, 부처의 형상을 나타내는 32상 89종호 중 하나다. 본래 부처의 눈썹 사이에 난 맑고 빛나는 하얀색 털을 이르는데, 말려 있는 것을 펼치면 한 길 하고도 5자(약 3.9~4.5미터)에 이른다고 한다. 부처의 광명을 나타내는 방법이며, 복덕을 이룬 부처에게만 나타난다고 전한다.

참고 문헌

문헌 및 보고서

- 《三國史記》
- 《三國遺事》
- 경주문화재연구소, 1992, 〈사정동 308번지 건물신축부지 발굴조사보고〉, 《緊急發掘調查報告書》 I.
- 계림문화재연구원, 2011, 《경주 사정동 흥륜사지 요사채 개축부지 내 유적 약보고서》.
- 계림문화재연구원, 2012, 《경주 사정동 284-10번지 흥륜사 요사채 건축부지 내 유적 발시굴조사 약보고서》.
- 계림문화재연구소, 2013, 《경주 (傳)흥륜사지 경내 유적 -요사채 건립부지-》.
- 국립경주박물관, 2000, 《新羅瓦塼》.
- 국립문화재연구소, 1996, 《彌勒寺-遺蹟發掘調查報告書Ⅱ》.
- 국립경주박물관, 2011, 《경주공업고등학교 내 유구수습조사》.
- 국외소재문화재단, 2015, 《돌아온 와전 이우치 컬렉션》.
- 단국대학교 석주선기념박물관, 2012, 《皆蓋以瓦 高麗瓦塼》.
- 문화재관리국, 1972, 《興輪寺址 發掘調查 現況》 행정보고자료.

- 문화재연구소 경주고적발굴조사단, 1977, 《慶州興輪寺址發掘調査報告》 행정보고자료.
- 문화재연구소 경주고적발굴조사단, 1978, 《慶州興輪寺址塼塔址發掘報告書》 행정보고자료.
- 문화재연구소 경주고적발굴조사단, 1981, 《慶州興輪寺址內禪院新築豫定地發掘報告書》.
- 문화재연구소 유적조사연구실, 1989, 《彌勒寺-遺蹟發掘調査報告書I》.
- 보령박물관, 2017, 《崇嚴山 聖住寺》.
- 성림문화재연구원·한국토지공사, 2020, 《慶州 陽地里遺蹟》.
- 유금와당박물관, 2011, 《위진남북조와당》.
- 유금와당박물관, 2011, 《중국위진북조와당》.
- 춘추문화재연구원, 2023, 〈경주 흥륜사 서편(사정동 292-1번지 일원) 하수관로 설치공사 유적 매장문화재 발굴조사 약보고서〉.

단행본 및 논문

- 김선주, 2010, 〈신라의 알영 전승 의미와 시조묘〉, 《역사와 현실》 76, 한국역사연구회.
- 김선주, 2013, 〈신라 선덕여왕과 영묘사〉, 《韓國古代史研究》 71, 한국고대사학회.
- 김성구, 2023, 〈한국의 귀면장식과 그 정체성-귀면기와를 중심으로〉, 《기와, 지붕을 장엄하다》, 한국기와학회·국립중앙박

물관.

· 김유식, 2014,《신라기와연구》, 민속원.

· 김창호, 2003, 〈신라시대 영묘사의 복원 시론〉,《淸溪寺學》 18, 청계사학회.

· 박남수, 2012, 〈新羅眞殿寺院의 조영과 그 思想的背景〉,《신라문화》 40, 동국대학교 신라문화연구소.

· 박일훈, 1973, 〈문화재와 나〉,《文化財》7.

· 朴洪國, 2002, 〈瓦塼資料를 통한 靈廟寺址와 興輪寺址의 位置 比定〉,《新羅文化》 20, 동국대학교 신라문화연구소.

· 신동하, 2001, 〈新羅 佛國土思想과 皇龍寺〉,《신라문화제 학술발표 논문집》, 新羅文化宣揚會.

· 辛鍾遠, 1996, 〈『三國遺事』善德王知幾三事條의 몇가지 問題〉,《新羅文化祭學術發表會論文集》 17, 신라문화선양회.

· 申昌秀, 2002, 〈興輪寺의 發掘成果 檢討〉,《新羅文化》 20, 동국대학교 신라문화연구소.

· 유창종, 2009,《동아시아 와당문화》, 미술문화.

· 유환성, 2010, 〈慶州 출토 羅末麗初 寺刹銘 평기와의 변천과정〉,《新羅史學報》 19, 신라사학회.

· 오미정, 2021, 〈모리사키 가즈에 문학에 나타난 식민지조선 – 오사카 긴타로를 경유한 식민지 경험의 재구성-〉,《일본어문학》 92, 일본어문학회.

· 윤병렬, 2020, 〈수막새에 새겨진 선악의 철학 –신라의 미소, 수막새를 통한 고찰-〉,《文化財》 53-1, 국립문화재연구소.

- 이기영, 1981, 〈상징적 표현을 통해서 본 칠·팔세기 신라 및 일본의 불국토사상〉,《한국불교연구》, 한국불교연구원.
- 이병호, 2013, 〈경주 출토 백제계 기와 제작기술의 도입과정〉, 《韓國古代史研究》69, 한국고대사학회.
- 이순우, 2003, 〈하마터면 사라질 뻔했던 신라인의 미소〉,《얼굴 무늬 수막새 제자리를 떠난 문화재에 관한 조사보고서·둘》, 하늘재.
- 李泳鎬, 1993, 〈新羅 成典寺院의 成立〉,《新羅文化祭學術發表會論文集》14, 신라문화선양회.
- 허형욱, 2015, 〈국립경주박물관 소장 얼굴 무늬수막새의 발견과 수증 경위〉,《신라문물연구》8, 국립경주박물관.
- 崔文煥, 2020, 〈坡州 惠陰院址 出土 女性 얼굴 무늬 기와〉,《文化史學》53, 한국문화사학회.
- 최영희, 2010, 〈新羅 古式수막새의 製作技法과 系統〉,《韓國上古史學報》70, 한국상고사학회.
- 최영희, 2014, 〈統一新羅式기와의 성립과 造瓦體制의 변화〉, 《嶺南考古學》70, 영남고고학회.
- 최영희, 2020, 〈新羅 官營造瓦體制의 成立〉,《嶺南考古學》86, 영남고고학회.
- 贺云翔, 2010, 〈六朝瓦當 연구의 회고와 문제 탐구〉,《百濟 瓦塼와 古代 東Asia의 文物交流》, 한국기와학회.
- 경향신문, 2022년 7월 27일, 〈이기환의 흔적의 역사: 잃어버릴 뻔했다가 되찾은 1400년전 '신라의 미소'…얼굴 무늬 수막

새의 조각가가 있다?〉.

・水野正好, 1985, 〈招福·除災-その考古学〉,《国立歴史民俗博物館研究報告》7, 国立歴史民俗博物館.

・高崎宗司, 2002,《植民地朝鮮の日本人》, 岩波新書790.

・斎藤 忠, 2002,《考古学とともに七十五年》, 学生社.

・向井祐介, 2004, 〈中国北朝における瓦生産の展開〉,《史林》87巻 5号.

・山形真理子, 2007, 〈ベトナム出土の漢·六朝系瓦〉,《中国シルクロードの変遷》.

・設楽博己, 2021,《顔の考古学:異形の精神史》歴史文化ライブラリー(54), 吉川弘文館,

・南京市博物館·南京市玄武区文化局, 1998, 〈江蘇南京市富貴山六朝墓地発掘簡報〉,《考古》第 8 期.

・南京市博物館·南京市玄武区文化局, 1998, 〈江蘇南京市富貴山六朝墓地発掘簡報〉,《考古》第 8 期.

・王志高·賈維勇, 2004, 〈六朝瓦当的発見及初歩研究〉,《東南文化》2004年 第 4 期.

・王志高·馬涛, 2007, 〈論南京大行宮出土的孫呉雲文瓦当和人面文瓦当〉,《文物》2007年 第 4 期.

・王志高, 2011, 〈六朝建康城遺址出土陶瓦的観察与研究〉,《기와의 生産과 流通》, 韓国기와学会 定期学術大会.

1 오미정, 2021, 〈모리사키 가즈에 문학에 나타난 식민지 조선 -오사카 긴타로를 경유한 식민지 경험의 재구성-〉,《일본어문학》92, 일본어문학회.

2 기타큐슈시립역사박물관은 같은 지역의 기타큐슈시립고고박물관(北九州市立考古博物館), 기타큐슈시립자연사박물관(北九州市立自然史博物館)과 통합되어, 2022년 기타큐슈시립자연사·역사박물관[北九州市立自然史·歷史博物館(いのちのたび博物館:생명의 여행 박물관)]으로 새롭게 개관했다.

3 박일훈, 1973, 〈문화재와 나〉,《文化財》7, 문화재관리국 국립문화재연구소.
이순우, 2003, 〈하마터면 사라질 뻔했던 신라인의 미소〉,《얼굴 무늬 수막새 제자리를 떠난 문화재에 관한 조사보고서·둘》, 하늘재.
허형욱, 2015, 〈국립경주박물관 소장 얼굴 무늬 수막새의 발견과 수증 경위〉,《신라문물연구》8, 국립경주박물관.
경향신문, 2022년 7월 27일, 〈이기환의 흔적의 역사: 잃어버릴 뻔했다가 되찾은 1400년전 '신라의 미소'…얼굴 무늬 수막새의 조각가가 있다?〉.

4 이기영, 1981, 〈상징적 표현을 통해서 본 칠·팔세기 신라 및 일본의 불국토 사상〉,《한국불교연구》, 한국불교연구원.
신동하, 2001, 〈新羅 佛國土思想과 皇龍寺〉,《신라문화제 학술발표 논문집》, 新羅文化宣揚會.

5 《三國史記》卷第四 新羅本紀 第四.
真興王五年, 春二月, 興輪寺成. (진흥왕 5년, 봄 2월, 흥륜사가 완공되었다.) 按国史與郷傳, 实法興王十四年丁未始開, 二十一年乙卯大伐天鏡林始興工, 梁棟之材皆於其林中取足, 而階礎石龕皆有之… (《국사》와 향전에 의하면, 법흥왕 14년 정미에 터를 잡고, 21년 을묘에 천경림을 크게 벌채하여 처음으로 공사를 일으켰는데, 서까래와 대들보를 모두 그 숲에서 취해 쓰기에 넉넉했고, 계단의 초석이나 석감도 모두 있었다…)
《三國遺事》卷第三 興法第三.

真興大王即位五年甲子 造大興輪寺. (진흥대왕 즉위 5년 갑자에 대흥륜사를 지었다.)

6   국립경주박물관, 2011, 《경주공업고등학교내 유구수습조사》.

최영희, 2010, 〈新羅 古式수막새의 製作技法과 系統〉, 《韓國上古史學報》70, 한국상고사학회.

이병호, 2013, 〈경주 출토 백제계 기와 제작기술의 도입과정〉, 《韓國古代史研究》69, 한국고대사학회.

7   申昌秀, 2002, 〈興輪寺의 發掘成果 檢討〉, 《新羅文化》20, 동국대학교 신라문화연구소.

김창호, 2003, 〈신라시대 영묘사의 복원 시론〉, 《淸溪史學》18, 청계사학회.

8   《三國史記》卷第五 新羅本紀 第五.

善德王三年, 芬皇寺成. (선덕왕 3년, 분황사가 완성됐다.)

9   《三國史記》卷第五 新羅本紀 第五.

善德王四年, 唐遣使持節, 冊命王爲柱國·樂浪郡公·新羅王, 以襲父封. [선덕왕 4년, 당나라가 사신에게 부절(符節)을 주어 보내서 왕을 주국낙랑군공신라왕(柱國樂浪郡公新羅王)으로 책봉하여 아버지의 봉작(封爵)을 잇게 하였다.]

冬十月, 遣伊飡水品·龍樹 一云龍春, 巡撫州縣. [겨울 10월에 이찬(伊飡) 수품(水品)과 용수(龍樹)를 보내서 주(州)와 현(縣)을 두루 돌며 위무(慰撫)하게 하였다.]

10   김선주, 2013, 〈신라 선덕여왕과 영묘사〉, 《韓國古代史研究》71, 한국고대사학회.

11   최영희, 2010, 〈新羅 古式수막새의 製作技法과 系統〉, 《韓國上古史學報》70, 한국상고사학회.

12   최영희, 2014, 〈統一新羅式기와의 성립과 造瓦體制의 변화〉, 《嶺南考古學》70, 영남고고학회.

13   최영희, 2020, 〈新羅 官營造瓦體制의 成立〉,《嶺南考古學》86, 영남고고
       학회.

14   북조(北朝)에서는 평성명당지(平城明堂址), 윈강석굴(雲崗石窟), 퐝산(方
       山)에서 출토된 연화화생문(蓮華化生文) 수막새와 복판연화문(複瓣蓮華
       文) 수막새를 통해, 북위(北魏) 평성기(平城期, 398~493)의 늦은 시기인 5
       세기 후엽부터 연꽃무늬 수막새가 출현한 것으로 이해되고 있다.
       朱岩石·何利群, 2009, 〈鄴城出土의 北朝瓦의 製作技法〉,《古代東アジア
       における造瓦技術의 変遷과 伝播》, 奈良文化財研究所.
       한편, 남조(南朝)에서는 이미 동진(東晉, 317~420) 말기~남조(南朝, 420~528)
       초기에 연꽃무늬 수막새를 사용한 것으로 알려져 있다. 난징(南京) 푸구이(富
       貴) M 6 묘(墓) 현실(玄室)에서 출토된 연꽃무늬 수막새가 대표 사례다.
       南京市博物館·南京市玄武区文化局, 1998, 〈江蘇南京市富貴山六朝墓
       地発掘簡報〉,《考古》第 8 期.
       王志高, 2011, 〈六朝建康城遺址出土陶瓦的観察与研究〉,《기와의 生産
       과 流通》, 韓国기와学会 定期学術大会.

15   유창종, 2009,《동아시아 와당문화》, 미술문화.

16   王志高·賈維勇, 2004, 〈六朝瓦当의 発見及初歩研究〉,《東南文化》
       2004年 第 4 期.

17   王志高·馬涛, 2007, 〈論南京大行宮出土的孫呉雲文瓦当和人面文瓦
       当〉,《文物》, 2007年 第 4 期.

18   山形真理子, 2007, 〈ベトナム出土의 漢·六朝系瓦〉,《中国シルクロード の
       変遷》.

19   向井祐介, 2004, 〈中国北朝における瓦生産의 展開〉,《史林》87巻 5号.

20   유금와당박물관, 2011,《위진남북조와당》.

21   귀마루, 내림마루의 끝에 놓이는 판형의 장식 기와는 통일신라 시대 이래 대
       부분 도깨비 얼굴을 주문양으로 삼고 있어 '귀면와(鬼面瓦)'라는 용어를 사

용하는 것이 일반적이다. 그러나 이미 삼국 시대의 백제와 신라에서는 연꽃 무늬, 덩굴무늬 등을 시문하는 사례도 확인되는 바, 본 글에서는 기능적 측면을 강조하여 '판형 마루 장식 기와'라는 용어를 사용하고자 한다.

22 崔文煥, 2020, 〈坡州 惠陰院址 出土 女性 얼굴 무늬 기와〉, 《文化史學》 53, 한국문화사학회.

23 김성구, 2023, 〈한국의 귀면장식과 그 정체성-귀면기와를 중심으로〉, 《기와, 지붕을 장엄하다》, 한국기와학회·국립중앙박물관.

24 윤병렬, 2020, 〈수막새에 새겨진 선악의 철학 -신라의 미소, 수막새를 통한 고찰-〉, 《文化財》 53-1, 국립문화재연구소.

25 영묘사가 포함된 신라 중대의 성전사원은 왕실의 조상 숭배를 위한 원당의 기능을 한 것으로 이해되기도 한다.
李泳鎬, 1993, 〈新羅 成典寺院의 成立〉, 《新羅文化祭學術發表會論文集》 14, 신라문화선양회.
박남수, 2012, 〈新羅眞殿寺院의 조영과 그 思想的背景〉, 《신라문화》 40, 동국대학교 신라문화연구소.

26 辛鍾遠, 1996, 〈『三國遺事』善德王知幾三事條의 몇가지 問題〉, 《新羅文化祭學術發表會論文集》 17, 신라문화선양회.

27 김선주, 2010, 〈신라의 알영 전승 의미와 시조묘〉, 《역사와 현실》 76, 한국역사연구회.
김선주, 2013, 앞의 글.

사진 출처

19, 20, 21, 22, 25, 26, 27쪽 허형욱 2015

34쪽 문화재청 국가문화유산포털

47쪽 ④ 유금와당박물관,
      ⑥ 교토대학 총합박물관

50쪽 수막새 성형 과정: 경희대학교 중앙박물관 2012 《백제와전》

62쪽 유금와당박물관

63쪽 ①, ④ 이우치고문화연구실
      ③, ⑤ 유금와당박물관

64쪽 ⑩ 한성백제박물관
      ⑭~⑰ 유금와당박물관

69쪽 유금와당박물관

73쪽 ① 경산시립박물관
      ②, ④, ⑤ 단국대학교 석주선기념박물관

75쪽 판형 마루 장식 기와: 일본 나라국립박물관
      얼굴·연꽃무늬 수막새: 교토대학 고고학연구실
      얼굴 무늬 수막새: 교토시 매장문화재연구소

79쪽 익산 제석사지 출토 암막새: 국립부여문화재연구소
      부여 금강사지 출토 암막새: 경희대학교 중앙박물관

84쪽 문화재청 국가문화유산포털

85쪽 문화재청 국가문화유산포털

※ 국립박물관 소장 사진은 출처를 생략했습니다.

※ 이 책에 사용된 사진 중 일부는 저작권자를 찾지 못했습니다. 저작권자가 확인되는
   대로 정식 동의 절차를 밟겠습니다.

국립경주박물관 신라 문화유산 시리즈 ④

신라의 영묘한 미소
얼굴 무늬 수막새

1판 1쇄 발행   2023년 12월 15일

기획	국립경주박물관
지은이	최영희
펴낸이	이민선, 이해진
편집	홍성광, 백선
디자인	박은정
일러스트	박태연
제작	호호히히주니 아빠
인쇄	신성토탈시스템
펴낸곳	틈새책방
등록	2016년 9월 29일 (제2023-000226호)
주소	10543 경기도 고양시 덕양구 으뜸로110, 힐스테이트 에코 덕은 오피스 102-1009
전화	02-6397-9452
팩스	02-6000-9452
홈페이지	www.teumsaebooks.com
인스타그램	@teumsaebooks
페이스북	www.facebook.com/teumsaebook
포스트	m.post.naver.com/teumsaebooks
유튜브	www.youtube.com/틈새책방
전자우편	teumsaebooks@gmail.com

ⓒ 국립경주박물관·최영희, 2023

ISBN   979-11-88949-58-8 03910